슬기로운
마음 생활

화내지 않고
상처받지 않는
어린이
감정 사전

책읽는달

:: 감수의 글 ::
이 책을 읽는 부모님께 드리는 글

우리는 매 순간 다양한 감정을 겪으며 살아갑니다. 그러나 마음이 어떤 표정을 짓고 있는지 정확히 알지 못할 때가 많습니다. 내 마음에 대해 관심을 기울이지 않기 때문이지요. 더 나아가 자신의 감정을 억누르며 지낼 때도 많습니다.

그 이유는 우리나라가 예전부터 감정에 관심을 가지던 문화권이 아니었기 때문입니다. 전통적인 유교 문화권에서는 겸손과 배려라는 덕목 하에 자신의 감정을 억누르는 것을 바람직하다고 여겨왔습니다. '남자는 태어나서 세 번 운다.', '귀머거리 삼 년, 장님 삼 년, 벙어리 삼 년' 등이 감정이 억압된 가부장적인 한국 사회의 모습을 잘 보여주는 표현들이지요.

또한 부모들의 주된 관심사가 학교 성적에 집중되어 있는 것도 중요한 원인 중 하나입니다. 그래서 학교 성적과 관련이 된 지적인 능력인 IQ(Intelligence Quotient 지능 지수)에 대해서만 주로 관심이 있습니다. 하지만 더 이상 IQ가 대인관계나 직업적 영역에서 성공을 예측하지 않는다는 의식이 널리 퍼지면서 EQ(Emotional Intelligence Quotient 정서지능 지수)가 대안으로서 주목받고 있습니다. 실제로

EQ가 대인관계나 직업적 능력에서의 성공을 예측할 수 있다는 많은 결과가 있습니다.

이처럼 감정의 중요성은 날이 갈수록 커질 것으로 보입니다. 그렇다면 어떻게 해야 우리 아이가 진정한 감정의 주인공으로 자랄 수 있을까요?

첫째로 아이의 감정의 색깔을 있는 그대로 인정해야 합니다. 긍정적인 감정뿐만 아니라 부정적인 감정도 자신의 부분임을 받아들여야 합니다. 부정적인 감정이 나쁜 건 아닙니다. 불안과 두려움이라는 감정은 인류가 위험을 피하고 현재까지 살아남는 데 큰 역할을 해 준 일등 공신입니다. 그 어떤 감정이라도 적극적으로 받아들이고 표현할 수 있게 도와주어야 합니다.

두 번째로 아이의 감정과 별개로 분명한 행동의 한계는 정해 주어야 합니다. 어떠한 생각도 입 밖으로 낼 수 있지만 남과 나에게 피해를 줄 수 있는 과격한 행동에 대한 분명한 기준은 제시해 주어야 합니다. 그래야만 아이가 감정과 행동 사이의 균형감을 깨우칠 수 있기 때문입니다.

세 번째로 아이들은 아직 표현력이 떨어져 있는 경우가 많습니다. 아이 행동의 이면에 있는 감정을 스스로도 표현하지 못하는 경우가 많습니다. 그래서 어른인 부모들이 면밀히 세심하게 관찰하고 아이들과 대화할 수 있어야 합니다. 무슨 이유로 우는지, 왜 짜증을 내는지, 말을 안 듣는지를 아이의 행동 결과보다는 그리 행동하는 원인과 감정을 살피는 능력을 키우셔야 합니다.

아이의 감정을 살피는 이 능력은 실은 부모가 스스로 감정을 살피는 능력에서 나오는 것입니다. 즉 부모가 먼저 자신의 감정을 돌아보고 잘 살펴야만 아이의 감정 또한 잘 살필 수 있습니다.

마지막으로 적극적인 공감과 경청이 필요합니다. 진정성을 가지고 마음을 열면서 그 시간만큼은 최선을 다해서 아이와 대화를 해야 합니다. 부모는 대화를 한다고 말하는데 아이 입장에서는 비난과 잔소리로 들리는 경우가 많지요. 따라서 부모 스스로 다른 사람의 말을 주의 깊게 듣고 마음 깊이 공감하는 태도를 기르는 게 중요합니다.

앞으로 점점 사회가 복잡해지고 다양해지면서 많은 기존의 가치와 관념들이 바뀌고 있습니다. 예전보다 훨씬 다양한 선택을 해야 하는 상황이 온 거지요. 이 과정에서 감정의 중요성은 더욱 커지게 됩니다. 감정이란 이성과 동떨어진 것이 아닌 이성을 도와 뭔가 선택을 하게 하는 중요한 나침반과 내비게이션의 역할을 하기 때문입니다.

어떠한 일을 결정을 할 때 뭔가 불편한 느낌, 나에게 안 맞는 옷을 입고 있는 느낌을 받은 적이 있지 않나요? 반대로 너무 편안한 느낌, 나에게 잘 맞는 옷을 입고 있는 느낌을 받은 적도 있지 않나요? 이것이 바로

나의 기질과 성향, 장단점, 좋아하는 친구들 그룹, 내가 선택하는 직업, 나에게 맞는 배우자 등을 선택할 때 느낌으로 혹은 촉으로서 작용하는 감정의 능력이자 힘인 것입니다.

이런 감정의 힘을 십분 발휘할 수 있을 때 내가 원하는 삶의 색깔과 방향성을 정해서 살 수 있게 됩니다. 또한 감정에 충실해서 나 자신을 돌아본다는 것은 자존감을 높이는 것과 직접적인 관련이 있습니다. 궁극적으로 인생의 주인이 되어 행복한 삶을 살 수 있는 거지요.

우리 어린이들이 감정의 주인공으로 인생의 주인공으로 행복한 삶을 살기를 바랍니다.

전미경
(굿모닝정신건강의학과의원 원장, 단국대학교 정신건강의학과 외래교수)

 # 이 책의 활용법 ★★★★★★★★★★★★★★★

🌸 감정 연습 1 　내 마음 알기

어린이가 생활에서 자주 느끼는 43가지 감정을 짧은 글과 그림으로 보여줌으로써 여러 가지 감정을 느낄 수 있습니다.

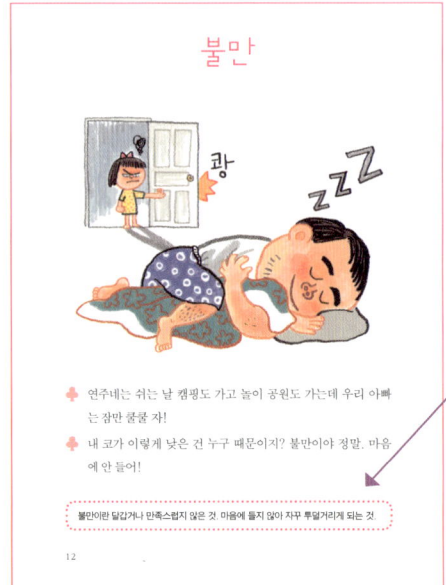

🌸 감정 연습 2 　감정 사전

사전적 정의를 통해 감정의 뜻을 정확히 알도록 합니다. 이를 통해 감정을 다채롭게 표현하는 법을 배우는 것은 물론 어휘력을 기를 수 있습니다.

🌸 감정 연습 3

일상생활 속 재미있는 이야기

일상생활의 공감되는 이야기를 통해 내가 느끼는 감정이 무엇인지를 알 수 있도록 합니다. 친구들이 경험하는 여러 가지 상황을 읽으면 비슷한 마음을 느낄 수 있을 거예요.

> 토요일 점심, 아빠가 자장면을 시켜 먹자고 하셨어요. 나는 자장면, 형은 짬뽕을 시켰어요. 그런데 배달 후 형이 내 자장면이 더 맛있다며 자꾸 뺏어 먹는 거예요.
>
> "형은 짬뽕시켰잖아! 형 꺼 먹어!"
>
> 내 말에 아랑곳없이 후루룩 쩝쩝 자장면을 열심히 먹는 형을 보니 너무 얄미웠어요. 뭐야? 어느새 내 자장면이 반이나 없어졌어요. 나는 너무너무 화가 났지요.
>
> "도대체 이게 몇 번째야? 너는 누굴 닮아서 이렇게 덤벙대니?"
>
> 엄마가 나에게 소리를 꽤 질렀어요. 나는 물건도 자주 잃어버리고 숙제도 깜빡깜빡해요. 이번 달만 해도 여러 번 학교에 알림장을 두고 왔거든요.
>
> "승재는 숙제도 혼자 알아서 한다는데 너는 알림장 하나 챙겨오는 것도 못 하니?"
>
> 엄마는 사촌인 승재까지 들먹이면서 혼을 냈어요. 엄마는 여러 번 나랑 승재를 비교하면서 뭐라 한다니까요.
>
> "엄마! 이제 그만 해요! 나도 진짜 화나거든요?"

🌸 감정 연습 4 감정을 표현하고 조절하는 법

'이렇게 해 봐요', '다르게 생각해 봐요' 등을 통해 감정을 다스리는 법을 연습할 수 있습니다. 또한 그림 그리기, 글쓰기 등등 다양한 활동을 통해 내 마음을 구체적으로 알게 됩니다.

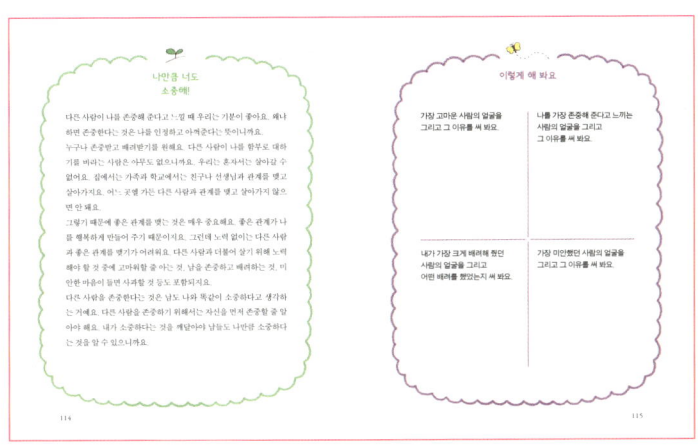

차례

이 책의 활용법　6

화 | 불만 | 분노　10
:: 자꾸만 화가 날 땐 어떡해야 할까요?　:: 이렇게 해 봐요

기쁨 | 행복 | 희망　18
:: 행복은 작은 기쁨을 이어 나가는 것　:: 이렇게 해 봐요

슬픔 | 좌절 | 우울　26
:: 슬프고 우울해도 괜찮아. 좌절하면 뭐 어때?　:: 이렇게 해 봐요

사랑 | 만족 | 편안　34
:: 사랑은 주고받으면 힘이 샘솟는 최고의 영양제!　:: 이렇게 해 봐요

부끄러움 | 긴장 | 당황　42
:: 부끄러워! 창피해! 어쩌면 좋지?　:: 감정 박사

질투 | 미움 | 심술　50
:: 남의 떡이 더 커 보인다고?　:: 다르게 생각해 봐요

통쾌 | 웃음 | 재미　58
:: 웃음은 몸과 마음을 튼튼하게 해 주는 만병통치약! :: 감정 박사

정직 | 양보 | 친절　66
:: 우리를 지켜주는 깨끗한 마음, 양심 :: 이렇게 생각해 봐요

무서움 | 두려움 | 외로움　74
:: 무서움과 두려움은 마음에서 생겨요 :: 이렇게 해 봐요

용기 | 자존심 | 자신감　82
:: 용기와 자신감을 가져 봐요 :: 이렇게 생각해 봐요

불편 | 억울 | 걱정　90
:: 인생의 가장 큰 실수는 끊임없이 걱정하는 것! :: 이렇게 해 봐요

인내 | 용서 | 공감　98
:: 남을 이해하면 내가 행복해진다고? :: 이렇게 해 봐요

고마움 | 배려 | 존중 | 미안　106
:: 나만큼 너도 소중해! :: 이렇게 해 봐요

감동 | 두근거림 | 보람　116
:: 나에게 최고의 친구가 되어 주기! :: 이렇게 해 봐요

화

♣ "치, 얼굴도 못생긴 게!"라는 말에 얼굴이 붉으락푸르락, 머리에서 연기가 펄펄!

화란 몹시 마음에 들지 않거나 언짢아서 기분이 나빠지는 것. 금방이라도 "악!" 하는 소리가 튀어나와 터질 것 같은 마음.

 토요일 점심, 아빠가 자장면을 시켜 먹자고 하셨어요. 나는 자장면, 형은 짬뽕을 시켰어요, 그런데 배달 후 형이 내 자장면이 더 맛있다며 자꾸 뺏어 먹는 거예요.
 "형은 짬뽕 시켰잖아! 형 꺼 먹어!"
 내 말에 아랑곳없이 후루룩 쩝쩝 자장면을 열심히 먹는 형을 보니 너무 얄미웠어요. 뭐야? 어느새 내 자장면이 반이나 없어졌어요! 나는 너무너무 화가 났지요.

 "도대체 이게 몇 번째야? 너는 누굴 닮아서 이렇게 덤벙대니?"
 엄마가 나에게 소리를 꽥 질렀어요. 나는 물건도 자주 잃어버리고 숙제도 깜빡깜빡해요. 이번 달만 해도 여러 번 학교에 알림장을 두고 왔거든요.
 "승재는 숙제도 혼자 알아서 한다는데 너는 알림장 하나 챙겨오는 것도 못 하니?"
 엄마는 사촌인 승재까지 들먹이면서 혼을 냈어요. 엄마는 여러 번 나랑 승재를 비교하면서 뭐라 한다니까요.
 "엄마! 이제 그만 해요! 나도 진짜 화나거든요?"

불만

♣ 연주네는 쉬는 날 캠핑도 가고 놀이 공원도 가는데 우리 아빠는 잠만 쿨쿨 자!

♣ 내 코가 이렇게 낮은 건 누구 때문이지? 불만이야 정말. 마음에 안 들어!

> 불만이란 달갑거나 만족스럽지 않은 것. 마음에 들지 않아 자꾸 투덜거리게 되는 것.

선생님은 매일 반장만 예뻐하는 것 같아요. 수업 시간에 발표할 때도 반장만 시키고 칭찬도 많이 해 줘요. 반장이 인사할 때는 머리도 잘 쓰다듬어 주시는데 내가 인사할 때는 그냥 웃으시기만 해요.

오늘 과학 시간에도 발표하고 싶어서 손을 번쩍 들었는데 교실을 한 바퀴 휘 둘러보시고는 반장을 시키시는 거예요. 나도 발표 잘할 수 있는데!

친구들한테 선생님이 반장만 예뻐한다고 투덜거렸더니 "그런 거 모르겠는데?"라며 나보고 왜 이렇게 불만투성이냐고 해요. 그럴 리가요! 친구들이 눈치가 없는 것이지 내 말이 틀림없어요.

"오늘도 미역국이야?"

매일 반찬이 똑같다고 아빠가 뾰로통한 목소리로 말했어요. 요즘 엄마는 너무 바빠요. 엄마는 미안하다며 저녁에는 불고기를 해 주겠다고 했지만 그 얘기는 어제 아침에도 한 걸요? 얼마나 많이 끓였는지 미역국이 아주 짜요. 아빠와 나는 서로 눈을 마주치고 입을 비죽 내미는 시늉을 했어요.

반장만 예뻐하는 선생님도, 매일 똑같은 반찬만 내주는 엄마도 다 마음에 안 들어요. 불만이야, 불만!

분노

으으…… 아무리 해도 화가 안 풀려, 주먹을 부들부들 떨며 입에서 불을 뿜는 용으로 변신!

복도를 지나가는데 남자애들이 괜히 머리를 잡아당기고 다리를 걸었어.

어른들은 이상해. 뉴스만 보면 탁자를 내리치며 성을 내신다니까.

이럴 수가! 친구랑 게임하는데 다섯 번이나 연속으로 졌어!

> 분노란 몹시 화가 나서 성을 내는 것. 화산처럼 화가 폭발해서 끓어 넘치는 것.

오늘은 정말 기분이 좋아요. 어제 외숙모에게 레이스와 나풀거리는 소매가 마음에 쏙 드는 예쁜 원피스를 선물 받았거든요. 선생님도 나를 보시더니 "오늘 지윤이 아주 멋진걸."라며 칭찬해주셨어요.

점심시간에는 반찬 국물이 원피스에 튀지 않도록 얼마나 조심해서 먹었다고요. 그런데 급식판을 반납하고 돌아서는데 뭐가 '퍽' 하고 와서 부딪쳤어요.

"꺅! 뭐야!"

내 원피스에 반찬 국물이 잔뜩 튀었어요. 우리 반 지훈이가 장난을 치며 앞도 안 보고 오다가 나와 부딪힌 거예요. 지훈이가 들고 있던 급식판을 떨어뜨리면서 내 옷도 엉망이 되어버렸어요.

"지윤아, 네 옷 어떡해!"

친구들이 옆에서 걱정해 주는 소리도 안 들렸어요. 나는 화가 나고 속상해서 어쩔 줄을 몰랐어요.

"야, 정지훈! 너 어쩔꺼야! 이거 어떻게 할 거냐고!"

내 목소리가 그렇게 큰 줄 미처 몰랐어요. 분노로 부들부들, 천장을 뚫을 뻔했다니까요.

자꾸만 화가 날 땐 어떡해야 할까요?

티베트 속담에 '문제를 해결하겠다고 화를 내는 것은 상대에게 던지기 위해 빨갛게 달궈진 석탄을 움켜쥐는 것이다.'라는 말이 있어요. 화 중에서도 분노란 그런 거예요. 남보다 나를 먼저 태워버릴지도 모르는 아주 뜨거운 감정이지요.

분노를 느끼는 자체가 문제인 것은 아니에요. 다만 화를 내거나 분노를 표출할 때도 하지 말아야 하는 행동들이 있어요. 심한 욕을 하며 소리를 지르거나 다른 사람을 때리는 행동 같은 것 말이에요.

너무 화가 나서 자신도 어쩔 수 없었다고 말하는 사람들도 있지요. 그렇지만 누군가가 화가 났다는 이유로 나에게 욕설을 하거나 때린다고 하면 내 기분은 어떨까요? 분명히 매우 불쾌하고 화가 나고 그 사람에 대해서는 좋지 않은 마음을 갖게 되겠지요.

화가 났다는 이유로 다른 사람에게 함부로 행동해서는 안 돼요. 그렇다고 화를 참기만 해서도 안 돼요. 화를 참으면 우리 안에 화가 쌓이게 되고 그렇게 쌓인 화는 마음의 병을 가져올 수도 있으니까요. 화가 날 때 어떻게 하면 좋을까요?

이렇게 해 봐요

화를 내기 전 잠시만 숨쉬기 운동을 해요.
하나, 둘, 셋, 넷, 다섯……. 화가 나서 폭발할 것 같을 때 마음속으로 열까지 세어 보세요. 그러다 보면 불길이 차츰차츰 가라앉는 게 느껴질 거예요. 화가 조금 가라앉은 후에 내가 왜 화가 났는지, 화를 낼 만한 일이었는지 생각해 봐요.

화가 난 상황에 집중해서 이야기해요.
화를 낼 때 "넌 항상 그런 식이야.", "네가 그렇지 뭐."라는 식으로 상대를 비난하는 경우가 많아요. 비꼬고 비난하며 화를 내는 것은 그 순간에는 후련할지 몰라도 결과적으로 서로의 기분을 더 나쁘게 만들어요. 따라서 내가 지금 무엇 때문에 화가 났고, 상대방이 어떻게 해 주기를 바라는지 그 상황에 집중해서 이야기해요.

좋아하는 다른 무언가에 집중해 봐요.
화가 좀처럼 풀리지 않는다면 평소에 좋아하던 일을 해 봐요. 재미있는 만화영화를 보거나 운동을 해봐요. 지칠 때까지 달리기를 하는 것도 좋아요. 다른 일에 집중하다 보면 분노가 풀려서 화를 가라앉히는 데 도움이 돼요.

기쁨

♣ 크리스마스 선물을 뜯었는데 갖고 싶었던 로봇 장난감이 나왔어! 오예!

기쁨이란 마음이 즐겁고 흡족한 것. 때로는 너무 좋아 눈물이 주룩주룩 흐르기도 하는 것.

"김해밀 파이팅!"

아침부터 파이팅을 외치며 일어났어요. 오늘은 야구 대회가 있는 날이에요. 어젯밤에 '이번에는 꼭 홈런을 치게 해 주세요.'라고 기도했는데 정말 잘할 수 있을까요?

드디어 경기가 시작됐어요. 팡, 팡! 상대 팀 투수의 공이 너무 빨라서 우리 팀 선수들이 배트를 쥐고 얼어붙고 말았어요. 나도 벌써 몇 번째 헛스윙만 하고 들어왔지요.

'두고 봐! 다음번엔 꼭 공을 치고 말 거야!'

내 차례가 되어 다시 타석에 섰어요. 공을 뚫어져라 바라보다가 힘껏 배트를 휘둘렀어요.

"깡!"

내가 친 공이 저 멀리 날아가는 게 보였어요.

"와, 홈런이야, 홈런!"

나는 펄쩍펄쩍 뛰며 소리를 질렀어요. 우리 팀 친구들도 모두 자리에서 벌떡 일어나 서로 끌어안고 소리를 지르며 기뻐했어요. 오늘은 최고의 날이야! 이 기분은 정말 말로 표현 못 한다고!

행복

♣ 좋아하는 친구에게 "나도 네가 제일 좋아."라는 말을 듣는 것.

행복이란 충분히 만족스럽고 기뻐서 마음이 흐뭇한 것. 마음속에서 기쁨의 샘물이 퐁퐁 샘솟는 것.

"다녀왔습니다."

큰 소리로 인사하고 들어가도 엄마가 보이지 않아요.

"얼른 손 씻어. 엄마 통화 중이야."

엄마는 안방에서 통화 중이에요. 뽀득뽀득 손을 씻고 나오는데 소곤소곤 엄마 목소리가 들려서 나도 모르게 귀를 쫑긋 세웠지요.

"우리 지호? 잘 지내지. 응, 방금 들어왔어. 요즘엔 제법 언니 티가 나서 동생이랑도 잘 놀아주고 양보도 잘 해. 혼자서 책가방도 척척 챙기고 얼마나 기특한지 몰라. 방에서 꼼짝도 안 할 때가 있는데 뭐하나 궁금해서 들여다보면 혼자 부스럭거리면서 종이 접고 놀거나 그림 그리고 있고. 공부는 좀 못하면 어떠니, 이렇게 잘 지내는데."

문밖에서 몰래 엄마 말씀을 듣는데 왜 이렇게 웃음이 나는 걸까요? 아침까지도 귀찮고 얄밉게 느껴지던 동생이 왜 이렇게 사랑스러워 보일까요?

흠흠, 콧노래가 절로 흘러나와요. 아, 행복해!

희망

쉿, 이건 비밀인데 내 장래 희망은 멋진 뮤지컬 가수야!

희망은 마음속에 간직한 별 같은 것, 품고 있으면 밝은 힘이 솟아나지.

둥근 달에게 '달님, 달님.' 하고 마음을 모아 빌면 희망이 이루어진대.

희망은 어두운 밤길의 손전등 같은 것, 아무리 어두워도 작은 희망만 있으면 길을 잃지 않을 수 있어.

> 희망이란 앞으로의 일에 대해 기대를 하고 바라는 것. 두 주먹 불끈 쥐고 내일을 기대하게 만드는 것.

'이번에는 꼭 되어야 할 텐데…….'

지난번에도, 지지난번에도 반장 선거에서 떨어진 나는 이번에는 꼭 반장이 되고 말겠다고 다짐했어요. 수업 시간에 대답도 크게 하고 청소도 열심히 했어요. 급식 먹을 때도 순서를 양보했지요.

'이렇게 한다고 애들이 나를 반장으로 뽑아줄까? 으악 모르겠다.'

반장 선거가 다가올수록 긴장이 되었어요. 그런데 반장 선거를 하루 앞둔 오늘 친구랑 다퉜지 뭐예요. 미술 시간에 내 바지에 물을 쏟고도 모른 척한 태연이가 얄미워서 한 마디 안 할 수가 없었어요. 반장이고 뭐고 다 망했다 싶어 터덜터덜 집으로 가는 길에 지민이를 만났어요.

"애들이 너 반장하면 좋겠다고 하더라? 태연이한테 뭐라고 하는 거 보고 속이 시원했대."

깜짝 놀란 나는 눈이 휘둥그레지며 말했어요.

"반장은 무슨……."

아무렇지 않은 척 앞만 보고 걸었지만 마음이 솜털처럼 가벼워졌어요. 어쩌면 내일 나는 정말 반장이 될지도 모르겠어요. 아직은 희망 사항이지만 아주 희망적인 것 같거든요.

행복은 작은 기쁨을
이어 나가는 것

'저 자전거만 있으면 정말 행복할 거 같은데!'라는 마음이 들어서 부모님을 졸라 자전거를 샀는데 며칠 지나지 않아 시들했던 적 없었나요?

이것만 있으면, 저렇게만 하면 행복해질 것 같다고 생각했다가 막상 물건을 갖게 되거나 그 일을 이루고 난 다음에 생각만큼 기쁘거나 행복하지 않았던 경험은 누구나 있을 거예요. 왜 그럴까요?

행복은 목표가 아니라 과정이라는 말이 있어요. 달리기에서 1등을 하는 게 목표라고 생각해 봐요. 그래서 매일 연습을 하다가 어느 날 달리기 대회에서 1등을 하게 되었어요.

만약 행복이 달리기에서 1등을 하는 것처럼 결과가 목표가 된다면 목표를 이룬 순간에만 기쁠 거예요. 그러나 목표를 이루고 나면 그 목표는 별로 중요하지 않게 돼요.

그런데 1등을 하기 위해 노력하는 과정을 행복이라고 한다면 더 많은 시간을 행복하게 지낼 수 있을 거예요.

행복은 아주 가까운 것 속에, 작은 것 속에 있어요. 가까운 곳에서 작은 기쁨을 느끼고 그 감정을 이어 나가는 것이 바로 행복이랍니다.

이렇게 해 봐요

기분 좋은 것들을 찾아보아요.

아침에 일어났는데 엄마가 내가 좋아하는 미역국을 끓여놓으셨어요. 교실에서 정리를 잘한다고 선생님께 칭찬을 받았어요. 오늘은 학원이 쉬는 날이래요. 어때요? 생각만 해도 행복하죠? 행복은 거창한 것이 아니에요. 기분 좋은 일들이 모이고 모이면 행복이 되는 것이지요. 기분 좋은 작은 것들에는 무엇이 있을지 적극적으로 찾아봐요.

주위 사람들을 기쁘게 해 줘요.

친구나 부모님이 기분이 좋으면 나도 기분이 좋아져요. 감정은 주위에 전달이 잘 돼요. 엄마가 기분이 나쁘면 내 기분도 나빠지잖아요. 사랑하는 가족이나 친구들을 기쁘게 해 줘요. 나로 인해 누군가 기뻐하는 것만큼 행복한 일도 없으니까요.

미래에 대한 좋은 상상을 많이 해요.

좋은 생각은 좋은 행동을 하게 해요. 생각은 큰 힘을 갖고 있어서 우리를 생각대로 움직이게 해 주지요. 좋은 행동은 좋은 관계를 맺게 도와주고 좋은 관계는 우리를 행복하게 만들어 주지요. 좋은 상상을 하는 습관이 미래를 행복하게 해 줄 거예요.

슬픔

♣ 단짝이 멀리 이사한대. 전학도 가야 한다고 말했어.

♣ 입이 삐죽삐죽, 눈물이 뚝뚝
   나도 모르게 "으앙~." 하고 울어 버렸어.

> 슬픔이란 괴로운 마음이나 느낌이 멈추지 않는 것. 마음속에서 '슬퍼, 슬퍼!'라고 메아리가 울리는 것.

단짝인 제희가 전학을 간대요.

"안녕 제희야. 또 만나자."

웃으며 인사를 하려고 하는데도 입꼬리가 자꾸 밑으로 쳐지고 눈물이 나오려 해요.

제희랑 운동장에서 철봉에 매달려 깔깔거리고 미끄럼틀 밑에 숨어서 속닥거린 일, 모두 기억이 나요.

내가 청소 당번일 때 제희가 늘 기다려줬는데. 이제 제희는 멀리 이사를 간대요. 그럼 나는 누구랑 철봉을 하고 누구랑 같이 집에 갈까요? 누가 나랑 놀아줄까요?

너무 슬퍼서 세 살 동생처럼 엉엉 소리 내어 울 뻔했어요. 몇 날 며칠 제희 생각이 나서 마음이 슬펐어요.

작년에 할머니가 하늘나라로 갔을 때도 마음이 아팠어요.

보고 싶은데 볼 수 없다는 건 정말 슬픈 일이에요. 슬픔이 없다면 얼마나 좋을까요? 매일매일 하하 호호 웃을 수 있는 일만 있으면 좋겠어요.

할머니도 제희도 매일매일 함께라면 얼마나 좋을까요?

좌절

♣ 친구들은 줄넘기를 잘만 하는데 나는 열 개도 못 해. 몇날 며칠 연습해도 소용없다고!

♣ 벼르고 벼르다 수영장에 놀러 갔는데 오늘이 휴관일이래!

> 좌절이란 어떤 일이 제대로 안 돼서 마음이나 기운이 약해지는 것. '안 되나 봐.' 싶어서 크게 실망하는 것.

하나, 둘, 셋, 넷…… 아이코 또 걸렸어요. 며칠째 연습하는데도 줄넘기는 너무 어려워요.

친구들은 50번, 100번씩 거뜬히 해내는데 나만 번번이 열 번도 못 넘긴다니까요.

"발끝으로 가볍게 폴짝 뛰어야지."

옆에서 지켜보던 엄마가 말씀하셨어요.

"나도 다 알아. 그런데 마음대로 안 된다니까!"

괜히 심술궂게 투덜거리고 다시 한번 연습을 했어요.

심호흡까지 크게 하고 도전했지만 여섯 개도 못 넘기고 걸려버렸어요.

얼마나 연습해야 친구들만큼 잘하게 될까요?

줄이 발에 걸릴 때마다 기운이 쭉쭉 빠져요.

아, 난 정말 안 되나 봐!

좌절이야, 좌절!

우울

내일은 일 년에 단 한 번뿐인 내 생일! 그런데 친구들이 내 생일을 잊어버린 것 같아.

옷장 속에 콕 박혀서 꼼짝도 하기 싫어. 엄마가 불러도 대답하기 싫어. 내가 왜 이럴까? 어휴, 자꾸 한숨만 나와.

우울은 왜 우울이지? '우우~' 하고 울 것 같아 우울인가 봐.

여기도 저기도 시무룩. 세상이 온통 시무룩해. 그중에 제일은 거울 속 내 얼굴.

오늘은 내 생일인데 아빠가 늦게 오신다고 전화가 왔어.

> 우울이란 마음이 답답하여 힘이 없는 것. '어쩌지, 어쩌지?' 하다 기분까지 푹 꺼져 버린 것.

　슬픈 것이 아니에요. 화난 것도 아니라고요. 가만히 있으면 한숨이 나오고 움직이기 싫어요.

　지민이가 놀자고 하는데도 "오늘은 됐어."라고 고개를 흔들었어요. 숙제도 해야 하고 방 청소도 남았는데 아무것도 하기 싫어요. 모두 귀찮아서 이불을 뒤집어쓰고 누웠어요.

　기분이 울 듯 말 듯 아리송해요. 내일은 내 생일인데 아무도 기억을 못 하는 것 같아요.

　"내일 무슨 날인지 알아?" 하고 지민이에게 물었더니 "응? 내일? 아, 리코더 시험 있는 날이잖아." 하고 대답하는 거 있지요?

　칫, 내일은 내 생일인데 리코더 시험만 기억하고.

　아빠도 늦게 오실 게 뻔해요.

　내가 이날을 얼마나 기다렸는데 아무도 선물을 주지 않으면 어쩌죠? 친구들이 축하해 주지 않으면 어쩌죠?

　내 마음도 모르고 엄마는 왜 그렇게 얼굴이 시무룩하냐며 핀잔을 주셨어요. 지금 내가 기운이 나겠어요?

　아무도 내 마음 몰라. 아 우울해!

슬프고 우울해도 괜찮아. 좌절하면 뭐 어때?

슬프고 우울할 때 우리는 그 기분을 받아들이기 힘들어요. '슬프면 안 되는데, 우울하면 안 되는데…….'라고 생각하면서 빨리 벗어나려고 하지요. 뭔가 하면 안 되는 일을 한 사람처럼 초조해하기도 합니다.

그러나 슬픔이나 우울, 좌절감이 뭐 어때서요. 살아가면서 기쁘거나 행복한 일만 겪을 수는 없어요. 슬프고 우울한 일도 있고 때로는 깊은 좌절감도 느끼는 게 당연하지요.

덴마크에는 '방안에 기쁨이 있을 때 슬픔은 대문에서 기다리고 있다.'는 속담이 있어요. 기쁜 일이 있을 때는 그것이 전부인 것 같지만 영원하지 않다는 걸 말해주는 속담이지요.

기쁨이 영원하지 않은 것처럼 슬픔도 마찬가지예요. 우리는 기쁘고 슬프고, 즐겁고 우울하고, 좌절했다 다시 기운을 내는 일들을 반복하며 살아가요.

그러므로 슬프거나 우울할 때 그것이 전부인 것처럼 생각하지 말아요. 놀이동산에 놀러 가거나 축구나 야구처럼 평소 좋아하는 것을 하며 시간을 보내거나 가까운 가족이나 친구에게 마음을 털어놓아요.

이렇게 해 봐요

남들과 비교하지 않아요!

남들은 모두 행복하고 좋아 보이는데 나만 우울하고 괴롭다고 생각을 한 적 있나요? 감정은 키처럼 비교할 수 있는 게 아니에요. 다른 사람과 나를 비교하는 건 내게 아무 도움도 되지 않아요. 비교하는 대신 내 마음에만 집중해요. 내가 좋아하는 일이 뭔지 생각하고 좋아하는 것을 하세요.

너무 속상하다면 울어 봐요.

정말 답답하고 슬플 때는 크게 소리 내서 울어도 괜찮아요. 슬플 때 흘리는 눈물 속에는 우리 몸이 스트레스를 받았을 때 만들어지는 카테콜아민이라는 호르몬이 포함되어 있어요. 실컷 울고 나면 이 호르몬이 밖으로 빠져나오기 때문에 마음이 한결 후련해져요.

잠깐 낮잠을 자요.

슬프고 우울할 땐 잠시 낮잠을 자는 것도 좋아요. 잠은 우리 몸의 긴장을 풀어주기 때문에 자고 일어나면 정서적으로 안정감을 느끼게 돼요. 대신 낮잠은 너무 길게 자지 않는 것이 좋아요. 포근한 이불 속에서 쿨쿨 자고 나면 한결 상쾌한 기분이 들 거예요.

사랑

♣ 잘 때 이불을 덮어주는 엄마의 손길, 머리를 쓰다듬어 주는 아빠 손의 따뜻함.

사랑이란 어떤 사람이나 존재를 매우 좋아하고 귀중히 여기는 것. 그 사람을 위해서는 무엇이든 할 수 있을 것 같은 마음.

할머니는 아빠에게 "운동 열심히 해라.", "아침 꼭 챙겨 먹어라.", "운전 조심해라."라는 말을 자주 하세요.

어느 날은 내가 "할머니 또 그 이야기야?"라고 말하며 얼굴을 찌푸렸더니 엄마가 내 옆구리를 '쿡' 찌르며 그게 다 아빠를 사랑해서 하시는 말씀이라고 했어요.

그러고 보면 엄마도 할머니랑 똑같아요. 엄마도 늘 나에게 "길 건널 때 조심해라.", "음식 골고루 먹어라." 하시거든요. 지겨울 때도 있지만 엄마가 그 말씀을 안 하면 서운할 것 같아요.

토리는 내가 일곱 살 때 아빠가 선물해준 토끼 인형이에요. 나는 토리가 없으면 잠이 안 와요. 토리를 꼭 끌어안아야 포근포근 잠이 잘 오지요. 내 이야기도 잘 들어주고 항상 따뜻하게 나를 안아주는 토리는 내 보물 1호예요.

할머니가 아빠에게, 엄마가 나에게, 내가 토리에게 갖는 소중한 마음이 모두 사랑이래요.

내 주위에는 사랑이 둥둥 떠다녀요. 그래서 마음이 이렇게 따뜻한가 봐요.

만족

♣ 먹고 싶었던 음식을 마음껏 먹고 흡족하게 배를 두드리는 것.
♣ 친구들은 별로라고 하지만 난 내 이름이 좋아, 이대로 충분히 만족해.

만족이란 넉넉하고 마음이 흡족한 것. 가만히 있어도 입가에 미소가 떠오르는 것.

오늘은 엄마 생신이에요.

"엄마한테 예쁜 립스틱을 사주자."

누나는 화장품을 사자고 했어요.

"아니야. 지난번에 보니까 엄마 팬티 고무줄이 늘어났던데 팬티를 사 줘야 해."

나는 팬티를 선물하자고 했지요.

"엄마는 그림 그리는 거 좋아하니까 색연필을 사주자."

철없는 동생은 자기가 갖고 싶은 색연필을 사자고 했어요. 괜히 엄마 핑계를 대면서 말이에요. 옥신각신하다가 우리는 결국 립스틱을 사기로 했어요.

생일 케이크에 초를 켜고 노래를 불렀어요. 엄마가 '후' 하고 초를 끄고 우리는 손뼉을 쳤지요. 그리고 동생이 대표로 엄마에게 선물을 드렸어요.

"어머! 예쁜 립스틱이다. 필요한 물건이었는데 정말 정말 고마워. 완전 대만족이야!"

엄마는 대만족이라고 활짝 웃으며 우리 셋을 꼭 안아주셨어요. 엄마가 기뻐하는 모습을 보니 나도 몹시 기분이 좋았어요. 엄마가 대만족이라니 나도 만족, 만족, 대만족이에요!

편안

시험이 끝난 날 친구들과 모여 신나게 놀 때의 마음. 걱정 없어, 편안해!

학교 갔다 와서 가방을 팽개치고 침대에 누워 온몸을 쫙 펼 때의 기분.

예쁜 새 구두 속에서 울먹이던 내 발, 낡은 운동화에서 기지개를 쭉 켜고 아, 편안해!

주말에 늦잠을 자고 포근한 이불 속에서 꼼지락거리는 것.

> 편안이란 마음이 안정되고 좋은 것. 금방 새근새근 잠들 수 있을 만큼 노곤하게 즐거운 것.

할아버지 댁은 여수예요. 우리는 명절이면 할아버지 댁에 가요. 그런데 얼마나 길이 막히는지 지루해서 힘이 들어요. 이번 추석에도 내려오는 데 일곱 시간이나 걸렸다니까요.

명절을 즐겁게 보내고 집에 돌아가는 날, 자동차가 출발도 안 했는데 엄마는 벌써 걱정이 늘어졌어요.

"어휴! 올라가는 길은 또 얼마나 걸리려나."

아니나 다를까 출발한 지 한 시간도 안 됐는데 차들이 줄줄이 늘어서 있어서 엉금엉금 거북이처럼 느리게 기어갔어요. 자고 일어나고 자고 일어나도 계속 차 안이었어요.

화장실이 너무 급한데 한참이나 더 가야 휴게소가 나온다고 해서 큰일 날 뻔한 적도 있었지요.

결국 여섯 시간 만에 집에 도착했어요. 현관문을 열고 집에 들어가자마자 소파에 벌러덩 누워버렸어요. 소파도 푹신하고 우리 집 냄새도 무척 반가웠어요.

"우와! 우리 집이 최고야. 정말 편안해!"

사랑은 주고받으면
힘이 샘솟는 최고의 영양제!

알고 있나요? 마음도 웃을 때가 있어요. 할머니가 "아이고 우리 예쁜이." 하고 엉덩이를 두드려 줄 때 마음이 웃어요. 시험을 못 봐서 시무룩한데 "시험 좀 못 보면 어때? 우리 지호는 마음이 예쁜데?"라고 엄마가 말해줄 때, 갑자기 내린 비에 어쩔 줄 몰라 하고 있는데 친구가 "같이 쓰고 가자."라며 손을 끌어줬을 때 마음은 웃어요.

사랑받고 있다고 느낄 때 나는 가장 큰 행복과 만족감을 느끼게 되지요. 또 사랑은 나의 자존감을 높여주기도 해요.

자존감이란 '자신을 소중하게 여기는 마음'을 말해요. 다른 사람에게 사랑받을 때 스스로 사랑받을 가치가 있는 사람이구나 하는 생각을 하게 돼요. 또 사랑은 받을 때 뿐만 아니라 다른 사람에게 줄 때도 나를 기분 좋게 만들어 줘요.

아빠의 어깨를 주물러 드렸더니 아빠가 "우리 아들 덕분에 피로가 싹 풀리네!" 하고 기뻐하셨어요. 동생의 숙제를 도와줬더니 동생이 "누나, 최고야!" 하고 좋아해요.

다른 사람들이 나 때문에 기뻐할 때 흐뭇하고 행복해져요. 사랑을 주고받으면 만족하게 되고 만족은 나를 편안하게 만들어요.

이렇게 좋은 감정은 또 다른 좋은 감정을 불러오지요. 그래서 평소에도 자기 감정을 좋은 쪽으로 가지려고 노력하는 게 중요하답니다.

이렇게 해 봐요

듬뿍 사랑받았을 때, 충분히 만족감을 느꼈을 때, 더없이 편안할 때의 기분을 그림으로 표현해 봐요. 아니면 여러 가지 감정을 맛으로 표현해 봐요. 음식으로 표현해도 괜찮아요.

사랑받을 때, 만족스러웠을 때, 편안할 때, 혹은 반대로 불편할 때, 불만이 가득할 때, 아무도 관심 가져주지 않을 때의 기분은 어떤지 그 기분을 다양한 방법으로 표현해 봐요.

말이 아닌 다른 방식으로 표현하다 보면 내가 그 기분에 대해 어떻게 생각하고 느끼고 있는지 더 확실히 알 수 있거든요.

부끄러움

- ♣ 새 학기 첫날, 첫 수업, 모르는 친구가 말을 걸어와서 나도 모르게 얼굴이 빨개졌어.
- ♣ 우물쭈물하다가 선생님 질문에 대답을 못 했어.

> 부끄러움이란 창피하고 쑥스러워서 어쩔 줄 모르는 것. 얼굴이 빨갛게 달아올라 가라앉지 않는 것.

　오늘은 음악 시험을 보는 날이에요. 나는 노래를 부르기로 했어요. 음악 선생님도 여러 번 내 목소리가 예쁘다고 칭찬해 주셨거든요. 앞에 나가 혼자 노래 부를 생각을 하니 떨리기도, 기대되기도 했어요.

　3교시 음악 시간, 번호 순서대로 시험을 보기 시작했지요. 웃고 손뼉 치고 감탄하며 친구들의 연주와 노래를 지켜보다 보니 내 차례가 돌아왔어요.

　"25번 이지호."

　선생님이 내 이름을 부르셨어요. 함께 앉아 있던 친구들이 입 모양으로 '힘 내.'라고 말해 줬어요. 친구들의 응원을 받으며 앞으로 나간 나는 '흠흠' 목을 가다듬었어요.

　"세계의 친구들과 아침 인사 해 보자."

　시작은 아주 좋았어요. 음정도 박자도 정확했지요.

　그런데 마지막 소절에서 '독일 친구느은~.' 하는데 목소리가 갈라지면서 나뭇잎으로 피리 불 듯 삑 소리가 났지 뭐예요. 그 소리를 듣고 친구들이 책상까지 두드리며 웃는데 얼굴이 화끈화끈, 땀이 삐질삐질. 으악, 쥐구멍에라도 숨고 싶어!

긴장

♣ 영어 말하기 대회가 열리는 날, 심장이 벌렁벌렁, 다리가 후들후들.

♣ 엄마한테 한 거짓말이 들켰어. 도끼눈을 뜨고 나를 기다릴 엄마 생각을 하니 집 앞에서 발이 떨어지질 않아!

> 긴장이란 마음이 조여 오고 편안하지 않은 것. 벌렁거리는 마음을 다독이며 등을 바로 세우는 것.

"다음은 참가 번호 7번 금강 초등학교의 김지훈 군 입니다."

오늘은 영어 말하기 대회가 열리는 날! 벌써 참가 번호 7번이라니……. 그다음이 바로 내 차례예요. 참가 번호 8번 유달래.

두 달이나 매일매일 연습을 했는데 왜 이렇게 떨릴까요?

심장은 벌렁벌렁, 다리가 후들후들, 시베리아 한복판에 서 있는 것처럼 벌벌 떨려요. 머릿속으로 말할 내용을 정리해 봐도 뒤죽박죽 엉키기만 해요.

다른 친구들은 어쩜 저렇게 떨지도 않고 당당하게 말을 잘하는 걸까요? 친구들의 목소리를 듣고 있으니 점점 작아지는 것 같아요.

"유달래 학생. 다음 순서니까 준비하세요."

"잠, 잠시만요. 화장실 좀 다녀올게요!"

벌써 몇 번째인지 화장실로 후다닥 뛰어가며 나도 모르게 중얼거려요.

'으아! 너무 떨려!'

당황

뒷모습이 내 친구랑 똑같아서 반갑게 불렀는데 알고 보니 모르는 사람이야!

자장면을 시켰는데 짬뽕이 배달 왔어!

친구들이 내 비밀을 알게 된 날, 놀라고 부끄러워 어쩔 줄 모르겠어.

체육 시간에 장애물 달리기를 하다가 바지가 '쫙' 찢어졌어.

> 당황은 어찌할 바를 모르거나 몹시 놀라는 것. 생각지도 못한 일이 벌어져서 머릿속이 캄캄해지는 것.

"내일 준비물은 4절 두꺼운 도화지예요. 잊지 말고 가져오세요."

내일은 미술 수업이 있는 날, 준비물은 두꺼운 도화지예요. 잊어버리지 않도록 알림장에 '4절 두꺼운 도화지'라고 꾹꾹 눌러썼어요.

다음 날 아침, 학교로 가는 길이었어요. 학교로 가는 동호가 보였어요.

"잠깐 기다려. 나도 같이 가!"

얼른 뛰어가 동호와 함께 학교로 갔어요. 가위바위보에서 진 사람이 이긴 사람을 업어주기도 하고 문방구 앞 육교까지 누가 더 빨리 달리나 내기도 하면서 신나게 갔지요.

학교에 도착해서 두꺼운 도화지를 꺼내려는데, 어? 이럴 수가! 도화지를 안 가지고 온 거예요.

어제 분명히 챙겨놓았는데, 책상 위에 두고 왔나 봐요.

'이를 어쩌지?'

가슴이 쿵쾅쿵쾅, 얼굴도 빨개졌어요.

미술 시간은 다가오는데 이러지도 저러지도 못하고 울상이 되어 버렸지요.

부끄러워! 창피해! 어쩌면 좋지?

우리는 가끔 창피한 일을 겪을 때가 있어요. 실수로 인해 창피함을 느끼게 될 때도 있고 우연히 창피함을 당하게 될 때도 있지요. 부끄러웠던 기억은 자꾸 떠올라서 나를 괴롭히기도 해요. 다른 사람들 앞에서 우스꽝스럽게 보였던 모습을 생각하면 시간을 과거로 돌려서 없던 일로 만들어 버리고 싶기도 하지요.

그런데 부끄러움은 동물 중에서도 인간만이 느끼는 감정 중 하나에요. 사랑이나 슬픔, 불안, 공포 등은 인간이 아닌 다른 동물들도 느끼는 감정인데 부끄러움은 인간만이 느낄 수 있어요. 그러므로 부끄러움은 인간을 인간답게 만들어주는 감정이라고 할 수 있지요.

그것은 부끄러움이 다른 사람의 눈과 관련이 있기 때문이에요. 예를 들어 방 안에서 혼자 있을 때는 이상한 옷차림을 하고 노래를 크게 불러도 전혀 부끄럽지 않아요. 그러나 사람들이 많은 거리에서 똑같이 행동했을 때는 창피하고 부끄러울 수 있지요. 물론 어떤 행동에 대해 혼자 부끄러움을 느끼는 경우도 있지만 말이에요.

부끄러웠던 기억 때문에 너무 오래 괴로워하지 말아요. 부끄럽다는 것은 내가 인간이라는 의미니까요.

감정 박사

부끄러움과 관련된 다양한 한자 표현에 대해 알아보아요.

철면피(鐵面皮)
철가면이라는 말 들어봤나요? 철로 만든 가면을 쓴 영화 속 주인공이에요. 철면피는 철가면처럼 쇠로 만든 낯짝이란 뜻으로 뻔뻔하고 부끄러움을 모르는 사람을 가리키는 말이에요.

수오지심(羞惡之心)
중국의 유명한 학자인 맹자가 꼽은 인간의 네 가지 품성 중 하나로 '자신의 옳지 못함을 부끄러워하고 남의 옳지 못함을 미워하는 마음'을 뜻하는 말이에요.

후안무치(厚顔無恥)
두터울 후(厚), 얼굴 안(顔), 없을 무(無), 부끄러워할 치(恥)를 붙여서 '후안무치(厚顔無恥)'라고 하면 얼굴이 두꺼워서 부끄러워할 줄 모른다는 뜻의 사자성어가 돼요. '철면피'와 같이 뻔뻔해서 부끄러움을 모른다는 의미이지요.

질투

♣ 친구가 멋진 자전거를 타고 으스대며 놀이터에 나타났어. 칫, 펑크나 나라!

♣ '나보다 쟤가 나은 것 같아.' 부러워서 심술이 나!

> 질투란 다른 사람이 잘되는 것을 괜히 미워하고 싫어하는 것. 남이 잘되면 배가 살살 아파오는 것.

　나와 나윤이, 이현이는 삼총사예요. 셋이 맨날 붙어 다닌다고 선생님께서 지어주신 별명이지요.

　급식을 먹으러 갈 때나 과학실에 갈 때, 체육관에 갈 때도 우리는 언제나 껌딱지처럼 꼭 붙어 다녀요. 다른 반 선생님까지 모두 아실 정도로 우리 셋은 학교에서 유명하지요.

　그런데 얼마 전에 나윤이와 이현이가 짝이 됐어요. 수업 시간에 둘이서 속닥속닥 웃으며 이야기하는 모습을 보니 어쩐지 얄밉고 배가 아팠어요. 어느 날은 화장실도 나 빼고 갔다 온 적도 있어요.

　나윤이랑 이현이가 함께 있는 모습만 봐도 눈썹이 찌푸려지고 속이 상했어요. 속상한 마음을 감추려고 친구들에게 톡 쏴붙이며 퉁명스럽게 이야기했더니 친구들은 왜 짜증을 내느냐고 투덜대는 거예요. 칫, 내 마음도 모르면서…….

　나도 모르게 둘이 싸웠으면 좋겠다는 생각이 들어 깜짝 놀란 적도 있어요.

　몰라, 몰라, 질투 나고 샘나. 빨리 짝을 바꿨으면 좋겠어!

미움

♣ 성준이가 친구들 앞에서 나를 겁쟁이라고 놀렸어.
♣ 누구를 미워하면 마음에 가시가 자라서 결국엔 내가 찔린대.

미움이란 누군가가 싫고 야속해지는 것. 저리 가, 저리 가 외치고 싶은 것.

쉿, 이건 비밀인데 나는 뜀틀이 너무 무서워요. 그런데 오늘 체육 시간엔 뜀틀을 한대요. 친구들은 재밌겠다며 너도나도 먼저 하겠다고 줄을 서는데 나는 슬금슬금 뒤로 빠졌지요.

"이야호!"

한 번 넘은 친구들은 다시 맨 뒤에 가서 줄을 서요.

"너 내 앞에 설래?"

나는 짐짓 아량을 베푸는 듯 친구들에게 계속 자리를 양보해 줬지요.

"너 한 번도 안 뛴 거 아니야?"

그런데 갑자기 성준이가 모두에게 들릴 만큼 큰 목소리로 내게 말했어요.

"아, 아니야."

"에이, 아니긴 뭐가 아니야. 맞네. 너 무서워서 그러냐?"

당황한 내가 발뺌을 했지만 성준이는 싱글벙글 웃으며 나를 놀리는 거예요.

"뜀틀이 무서워서 애들한테 양보한 척 한 거지?"

나는 약이 올라 눈물이 날 것 같았어요. 친구들 앞에서 망신을 주는 성준이가 정말 미웠어요. 김성준 두고 봐. 꼭 갚아줄 거야!

심술

나보다 잘 그린 친구의 그림을 몰래 꾸기고 싶어.

옆집 불도그는 나만 보면 으르렁 대. 칫, 볼에 심술이 덕지덕지 붙어서는!

매일 동생을 울리는 나에게 엄마가 하는 말, "놀부 심보가 따로 없네."

친구들 앞에서 나를 놀린 세준이의 신발을 청소도구함에 몰래 감춰 뒀어.

> 심술이란 남이 잘못되는 것을 좋아하거나 괜히 억지 부리는 마음. 괴롭히고 나서 혼자 숨어 킥킥 웃는 것.

올여름 휴가는 바닷가에서! 아빠랑 텐트를 치고 바닷물에 뛰어들었어요.

키가 큰 파도가 밀려와 튜브를 탄 몸이 '출렁' 하고 밀려갔다 밀려와요.

'히히, 이거 재밌네.' 하며 놀고 있는데 엄마가 큰 소리로 우리를 부르셨어요. 엄마는 위험하다고 손짓을 하며 얼른 나오래요.

어느새 하늘이 흐려지고 바람까지 '휭휭' 불었어요. 난 더 놀고 싶어서 고집부렸지요.

어어? 그런데 아빠가 힘들게 친 천막이 바람에 펄럭펄럭 금방이라도 쓰러질 것 같아요. 바람은 심술쟁이예요.

엄마 예쁜 머리도, 그늘을 피하려고 세워둔 천막도 모두 헝클어트리니까요. 수영도 못하게 '쌩' 하고 불어오니까요.

자기만 빼고 우리끼리 재밌게 놀았다고 심술부리나 봐요. 바람은 영락없는 심술쟁이예요.

남의 떡이 더 커 보인다고?

내 것보다 남의 것이 더 좋아 보여서 왠지 속상하고 심술이 나 본 적 있나요?

친구랑 같이 준비물을 사러 갔는데 똑같은 모양 자인데도 어쩐지 내가 집은 것은 안 예쁜 것 같고 친구 것이 더 좋아 보여요. 똑같은 디자인과 색깔의 원피스를 샀는데도 언니가 입으면 더 예쁜 것 같아요.

왜 그럴까요? 남의 것이 더 좋아 보이는 이유는 무엇일까요? 그건 욕심 때문이에요.

내 것이 가장 좋아야 한다는 욕심이 커서 남의 것이 더 좋으면 어쩌나 불안해지는 거지요.

그렇지만 친구와 모양 자를 바꾸고 언니와 원피스를 바꿔 입어 봐도 별로 다를 것이 없어요. 처음부터 같은 것이었으니까요.

내 마음에 있는 욕심 안경을 벗어 봐요. 꼭 내 것이 최고로 좋을 필요는 없어요.

남과 비교하지 말고 나의 것을 소중하게 생각하면 돼요. 욕심 안경을 벗고 제대로 한번 둘러보면 남의 것을 두고 심술이나 질투를 부릴 일이 줄어들 거예요.

다르게 생각해 봐요

질투는 나를 성장시키는 원동력이 되기도 해요.
다른 사람과의 비교가 지나치면 안 되겠지만 적당한 비교는 어떤 것을 열심히 하게 하는 원동력이 되기도 해요. '나도 저렇게 되고 싶다.'거나 '내가 더 잘하고 싶다.'는 마음을 누군가를 미워하는 데 사용하지 않는다면 질투는 건강한 힘이 될 수 있어요.

미워할 수도 있는 것 아냐?
누군가 밉거나 싫다는 마음이 들 때 내가 나쁜 사람 같아 괴롭지는 않나요? 미움은 사랑만큼 자연스러운 감정이에요. 그러니 그런 마음이 든다고 괴로워할 필요는 없어요. 다만 내가 싫고 밉다는 이유로 다른 사람을 괴롭히면 안 된다는 것을 명심해야 해요.

창의력을 발휘해요.
심술궂은 사람들을 보면 생각지도 못한 행동을 할 때가 있어요. 물론 다른 사람에게 하면 안 되는 행동을 하는 경우가 많지만 바꾸어 생각해보면 남들과 다른 방식으로 생각하는 것이라고 볼 수도 있어요. 창의력을 남에게 심술부리는 데 쓰지 말고 다른 곳에 발휘한다면 멋진 결과를 얻을 수 있을 거예요.

통쾌

♣ 나를 괴롭히던 친구가 선생님께 혼나서 속상해하는데 나는 자꾸 웃음이 나는 것.

통쾌란 마음이 후련하고 아주 즐거운 것. 막혔던 속이 '뻥!' 뚫린 것 같아 시원한 것.

 형은 맨날 나를 괴롭히지 못해서 안달이에요. 툭하면 때리고 귀찮은 일은 모두 나에게 시킨다니까요.

 오늘은 우리 집 강아지 달래를 산책시키는 날이에요. 엄마는 형과 나보고 산책을 시키래요. 형은 귀찮다고 투덜대었고 하는 수 없이 내가 달래를 데리고 형 뒤를 쫓아갔지요.

 공원에서 자전거를 타던 친구를 만난 형은 친구랑 번갈아 가며 자전거를 타고 신나게 노는 거예요. 첫, 나는 달래 쫓아다니느라 정신이 없는데 자기는 놀기만 하고……

 형 친구가 자전거를 타고 형이 그 뒤를 쫓아서 뛰어다닐 때였어요. 갑자기 형이 쭉 미끄러졌어요. 가까이 가서 보니 형이 얼굴을 잔뜩 구기고 있었어요.

 "뭐야, 개똥이잖아!"

 신발이랑 바지에 개똥을 잔뜩 묻힌 채 화를 내는 형을 보니 얼마나 고소하던지요.

 "어휴 냄새!"

 코를 막는 시늉을 하며 형을 놀리는 기분이 아주 통쾌했지요.

웃음

♣

얼굴만 봐도 서로 킥킥킥, 친구들은 나의 웃음보따리.

♣

재미있는 만화 영화를 보고 소리 내어 웃었어.

♣

여기서 "하하!" 하면 저기서도 "하하하!", 웃음은 꽃잎 위의 벌처럼 여기저기 옮겨 다니지.

> 웃음이란 즐겁고 기쁜 일로 웃는 일, 웃는 소리. 마음이 지르는 즐거운 비명!

　친구들과 신나게 놀 때는 아무 때고 웃음이 터져 나와요. 술래잡기를 할 때도, 무궁화 꽃이 피었습니다를 할 때도, 자전거를 탈 때도 말이에요.

　술래에게 잡히지 않으려고 숨이 차게 뛰는 순간에도 웃음이 나요. 잡힐 듯 잡힐 듯 잡히지 않는 아슬아슬함이 무척 재밌거든요. 하하 호호 웃으며 친구들과 놀다 들어온 날이면 밥도 더 맛있어요.

　"오늘 기분 좋은 일 있니?"

　아빠가 내 얼굴을 보고 궁금한 얼굴로 물었어요.

　"오늘 애들이랑 경찰과 도둑 놀이를 했는데 나는 한 번도 안 잡혔거든요."

　아빠는 "그것 참 대단하다."며 웃으셨어요. 아빠도 옛날에 달리기를 잘해서 술래잡기를 할 때면 잡힌 적이 별로 없대요. "맞아, 그때 정말 재밌었는데." 하고 아빠가 말씀하셨어요.

　아빠도 나처럼 친구들과 뛰어노는 걸 좋아하셨나 봐요. 아빠의 어렸을 때 이야기를 듣는 것도 재밌었어요. 그날은 밤에 잘 때도 신나는 꿈을 꿀 것 같아 기분이 좋았지요.

　'내일도 술래잡기해야지!'

재미

너무 재미있어서 눈 뜨자마자 생각나는 컴퓨터 게임.

퍼즐 맞추기에 푹 빠져서 시간 가는 줄 몰랐어.

재미랑 웃음은 바늘과 실 같아. 어디든 함께 다니지.

폴짝폴짝, 펄쩍펄쩍! 트램펄린을 타면 온몸이 깔깔 웃는 것 같아.

생긴 게 재밌어서 웃음이 나는 복어랑 개복치, 개미핥기 친구들.

> 재미란 어떤 것이 주는 흐뭇한 느낌이나 마음. 하고 있으면 마음이 즐거워서 계속 하고 싶은 것.

　나는 하루 중에 만화를 보는 시간이 제일 좋아요. 내가 좋아하는 만화 프로그램은 저녁 먹기 전에 방송해요. 엄마는 나보고 텔레비전을 많이 본다고 나무라시지만 하루라도 안 보면 너무 서운한걸요?

　"아빠도 매일 뉴스 보잖아. 왜 나만 못 보게 하는 거야?"

　내가 투덜댔더니 엄마도 아무 말 못 하셨어요. 히히, 그래서 이제는 마음 놓고 재미있게 만화를 보고 있지요.

　우리 할머니는 주말마다 약수터 가는 게 제일 재밌으시대요. 약수터에서 운동도 하고 친구들도 만나고 다녀오면 몸이 개운해서 아주 좋대요. 내 생각엔 하나도 재미없을 것 같은데 할머니는 주말마다 빠지지 않고 약수터에 가세요.

　그러고 보면 모두가 재밌는 게 다른가 봐요. 얼마 전까지 나랑 만화를 챙겨 봤던 누나도 이제는 재미없다고 안 보거든요.

　모두가 재밌는 게 달라도 상관없어요. 온 식구가 모여서 저녁 먹는 시간엔 하하 호호 웃음소리가 끊이지 않는 걸 보면 모두 재밌는 것이 하나는 있는 것이니까요.

웃음은 몸과 마음을 튼튼하게 해 주는 만병통치약!

오늘 하루 동안 몇 번이나 웃었는지 셀 수 있나요? 눈물이 날 정도로 크게 웃었던 적은 언제인가요?

친구들과 하하 호호 웃으며 놀던 일을 떠올리는 건 언제나 즐겁지요. 웃고 나면 스트레스가 풀리고 마음이 가뿐해지는 기분이 들어요.

웃음이 우리의 기분만 좋게 만들어주는 것은 아니에요. 웃음은 몸의 면역력을 높이는 데도 좋은 영향을 미쳐요.

몸은 스트레스를 받으면 코르티솔이라는 호르몬을 분비하는데 웃음은 이러한 코르티솔 호르몬 분비를 낮추고 면역력을 높여주는 효과가 있어요.

온몸을 들썩이며 크게 웃다 보면 근육의 수축과 이완이 자연스럽게 이루어져 근육의 피로가 풀리기도 해요. 또 많이 웃을수록 활기차고 긍정적인 감정을 유발하는 엔도르핀이라는 호르몬 분비도 왕성해지지요.

엔도르핀은 '함께'라는 감정을 느끼게 해서 여러 사람과 함께 웃으면 정서적으로 가까워져 인간관계에도 도움이 돼요. 웃기만 해도 몸과 마음이 건강해진다니 정말 신기하지요?

감정 박사

웃음과 관련된 다양한 한자 표현에 대해 알아보아요.

소문만복래(笑門萬福來)
소문만복래란 '웃는 문으로 온갖 복이 다 들어온다.'는 뜻이에요. 옛날 사람들은 봄이 시작된다는 입춘에 이 글귀를 쓴 종이를 대문에 붙여 놓고 일 년간 좋은 일이 생기기를 기원했대요.

포복절도(抱腹絶倒)
친구나 가족들과 이야기하거나 텔레비전을 보다가 재밌고 웃겨서 말도 제대로 못 하고 크게 깔깔거리며 웃은 적 있지요? 그렇게 '배를 움켜쥐고 숨이 넘어갈 정도로 크게 웃는 모습'을 나타낼 때 포복절도라는 표현을 써요.

희희낙락(喜喜樂樂)
희희낙락은 기쁘다는 의미의 '희(喜)'와 즐겁다는 의미의 '락(樂)'을 두 번씩 겹쳐 쓴 말로 매우 기쁘고 즐겁다는 뜻이에요. 글자를 두 번씩 써서 기쁘고 즐겁다는 의미를 강조해서 표현한 것이지요.

정직

♣ 누구와도 당당하게 눈을 마주 보고 이야기할 수 있는 마음의 떳떳함.

> 정직이란 솔직하게 말하는 바른 마음. 진실되고 믿음이 가는 것.

　할아버지는 항상 사람은 정직해야 한다고 말씀하셨어요. 특히 한 번 거짓말을 하고 나면 그 거짓말 때문에 계속 거짓말을 하게 될 거라고 하셨어요.

　그렇지만 사람이 어디 늘 정직할 수 있나요? 어쩔 수 없이 거짓말을 하게 되는 경우도 있잖아요. 수업 시간에 떠들어서 선생님께 혼났지만 집에 돌아와서는 열심히 공부했냐는 엄마의 물음에 그렇다고 대답할 수밖에 없는 것처럼 말이에요.

　은수와 나는 둘도 없는 단짝인데 지난번에 은수에게 거짓말을 한 적이 있어요. 은수랑 놀기로 했는데 다른 친구가 같이 롤러블레이드를 타자고 한 거예요. 나는 롤러블레이드가 몹시 타고 싶어서 은수에게 엄마가 못 나가게 해서 놀 수 없다고 거짓말을 해 버렸어요.

　롤러블레이드를 타면서도 은수랑 혹시 마주칠까봐 얼마나 조마조마했는지 말도 못 해요.

　은수야, 미안해. 앞으로는 절대 거짓말 안 할게. 맹세해!

양보

♣ 돌고래쇼를 보러 가서 더 잘 보이는 자리를 동생에게 주는 것.

♣ 아빠가 아이스크림을 여러 개 사 왔는데 "형, 먼저 골라."라고 말하는 것.

> 양보란 다른 사람이 사용할 수 있게 하거나 자신을 희생하는 것. "괜찮아, 너부터"라고 말하는 것.

아빠 생신이라 친척들이 우리 집에 모였어요. 사촌 동생 준이는 일곱 살인데 내 방에 들어가서는 장난감을 마음대로 만지며 갖고 놀겠다고 우겨댔어요.

"안 돼! 이것도 안 되고 저것도 안 돼."

내가 로봇을 뺏어서 제자리에 놓자 준이가 울기 시작했어요. 나는 동생을 울렸다고 엄마에게 혼이 났어요. 누나가 케이크에 초를 켠다고 하자 준이는 언제 울었냐는 듯 케이크를 보고 흥분하기 시작했어요.

"형아, 내가 케이크 위에 있는 초콜릿 먹어도 돼?"

조심스런 목소리로 묻는 준이를 보니 화가 스르르 풀리는 것 같았어요.

"그래, 너 먹어. 난 케이크 먹으면 돼."

내 대답에 준이는 나를 꼭 안더니 고맙다고 몇 번이나 말했어요. 작은 아빠도 나를 보고 양보도 할 줄 알고 기특하다고 칭찬해 주셨지요. 준이가 좋아하는 모습을 보니 쑥스러우면서도 기분이 좋았어요. 이렇게 기분이 좋은데 진작에 양보할걸!

친절

언제나 웃으며 "어서 오렴." 하고 따뜻하게 맞아주는 우리 동네 가게 아주머니.

이모의 다정한 목소리를 들으면 마음이 솜사탕처럼 부드럽고 달콤해져.

처음 본 중학생 언니가 신호등이 없는 횡단보도 앞에서 머뭇거리는 나를 데리고 길을 건너 주었어.

운동장에서 넘어져 양호실에 갔더니 선생님이 따갑지 말라고 '호호' 불며 약을 발라주셨어.

> 친절이란 매우 다정하게 대하는 것. 다른 사람의 마음조차 부드럽게 만들어 주는 것.

벚꽃이 활짝 핀 봄날, 온 가족이 놀이공원에 놀러 왔어요.

"우리 바이킹 타는 데 가보자!"

롤러코스터에 사람이 많다고 형이 다른 곳에 가보자고 했어요. 나는 신이 나서 형을 쫓아갔지요. 부모님은 뒤에서 길을 잃어버리지 않게 조심하라고 소리치셨어요.

짜릿한 바이킹을 탈 생각에 들떠서 뛰어가는데 갑자기 형이 보이지 않는 거예요. 아무리 둘러봐도 형은 없고, 왔던 길로 돌아가려고 해도 사람이 많아서 헷갈렸어요.

"저런 길을 잃어버렸니? 괜찮아. 아줌마가 가족 찾아줄게."

고개를 들어 보니 웬 아주머니가 걱정스러운 눈으로 나를 보고 계셨어요.

아주머니는 엄마, 아빠에게 나 대신 전화도 걸어주셨어요. 덕분에 나는 무사히 가족들과 만날 수 있었어요.

"다행이다. 이제 절대 사람 많은 곳에서는 혼자 다니면 안 돼!"

헤어지면서 아주머니는 웃으며 이렇게 말씀하셨어요. 따뜻하고 친절한 아주머니의 모습이 오래 기억될 것 같아요.

우리를 지켜주는 깨끗한 마음, 양심

'깨끗한 양심은 잠을 잘 자게 하는 편안한 베개다.'라는 말이 있어요. 이 말은 떳떳한 사람들은 밤에도 다리를 쭉 뻗고 편하게 잘 수 있다는 말이에요. 거짓말로 남을 속이고 나면 들키면 어쩌나 하는 걱정에 마음이 불안해져요.

양심이란 어진 마음이라는 뜻이에요. 어떤 일이 옳은지 그른지를 판단하는 기준이 되는 양심을 누구나 갖고 있어요.

잘못을 저지르거나 거짓말을 했을 때 마음이 불편한 것도 바로 이 양심 때문이에요. 정직하게 행동하고 다른 사람에게 양보하며 친절을 베푸는 것도 어진 마음을 갖고 있기 때문이지요.

그렇지만 정직과 양보, 친절이 쉬운 일은 아니에요. 특히 양보는 다른 사람을 위해 내가 물러서거나 손해를 보는 일이기 때문에 더 어렵게 느껴질 수 있어요. 다른 사람에게 잘 보이려고 내키지 않는데도 억지로 양보하는 경우도 있지요.

그렇지만 양보한 후에 뿌듯함을 느껴봤을 거예요. 좋은 일을 했다는 자부심은 다음번에 다시 양보를 하게 만드는 힘이 되기도 하지요.

이렇게 생각해 봐요

체험 학습을 다녀와서 종일 걸은 날, 버스를 탔는데 마침 운 좋게 자리가 비어서 편히 앉아갈 수 있었어요. 그런데 다음 정거장에서 다리가 불편한 할머니가 타신 거예요.

아무리 둘러봐도 빈자리는 없어요. 할머니와 눈이 마주칠까 봐 고개를 숙이고 고민을 하기 시작하지요. 자, 여러분이라면 어떻게 할 것 같나요?

내 마음은 이렇게 매일 전쟁을 벌여요. 여러 가지 감정들이 서로 자기가 먼저라고 옥신각신 다투지요. 어느 때는 양심이 이기기도 하고 어느 때는 욕심이 이기기도 해요.

물론 누구나 욕심을 갖고 있고 욕심을 부리는 게 반드시 나쁜 결과를 가져오는 것은 아니에요. 나를 위하는 일이 꼭 남에게 나쁜 영향을 주는 것은 아니니까요. 그렇지만 나만 생각하는 것이 아닌 다른 사람도 함께 생각하는 마음의 습관을 기르면 주위 사람까지도 더불어 행복하게 만들 수 있어요.

'나도 힘들지만 할머니는 얼마나 더 힘드시겠어? 내가 일어서야지.'라는 양심의 목소리에 손을 번쩍 들어주는 건 어때요?

무서움

♣ 텔레비전에서 무서운 장면이 나와서 손으로 두 눈을 얼른 가렸어.

♣ 아빠가 낮은 목소리로 "너 잠깐 여기 앉아 봐."라고 말씀하셨어.

> 무서움이란 무슨 일이 일어날까 두려워지고 꺼려지는 것. 긴장되고 떨려서 한 발짝 떼는 데도 큰 용기가 필요한 것.

'으아! 쉬 마려워.'

꿈속에서 몇 번이나 화장실에 가는 꿈을 꿨어요. 자다 말고 번쩍 눈이 떠졌지요.

화장실을 가야 하는데 이불 밖으로 나가려니 너무 깜깜해요. 주위를 둘러보니 창밖에서 흐릿한 불빛도 아른거려요. 검은 그림자가 '휙' 하고 지나가는 것 같아서 심장이 얼어붙은 것 같아요.

온몸이 바르르 떨리고 마치 귀신한테 잡아먹힐 것 같아 꼼짝도 못 하겠어요. 어쩌지? 그 자리에서 아무것도 못한 채 쉬를 싸버릴 것 같아요.

"으아앙."

롤러코스터를 타고 높은 곳으로 올라가고 있어요. 철컥, 철컥, 철컥. 롤러코스터가 움직이는 소리를 듣고 있으니 온몸에 소름이 돋았어요.

'어쩌지, 어쩌지?'

손잡이를 잡은 손에 땀이 다 나는 거 있죠? 곧 있으면 제일 높은 곳에 도착할 거예요. 으악, 난 몰라! 눈을 질끈 감아버렸어요!

두려움

내일부터 내 방에서 혼자 자기로 했는데 자신이 없어 걱정만 한가득.

친구가 반장 선거에 추천해 줬는데 "난 못해!"라고 말해버렸어.

'겁난다, 겁나.'라고 중얼거리며 걱정 나라에서 나가지 못하고 빙빙 맴도는 것.

두려움이란 겁나고 꺼려지는 마음. 자신이 없어서 오래 망설이게 만드는 것.

　오늘은 친구들과 수영장에 놀러 왔어요. 튜브도 타고 파도도 타고 신나게 놀았는데 갑자기 친구들이 점프를 하자는 거에요. "점프라니, 그런 게 있어?"라며 쫓아갔는데 정말 점프대가 있는 거예요.

　나는 점프대를 본 순간부터 어질어질한데 말이에요. 다리가 막 후들거려 한 걸음도 못 갈 것 같아요. 지연이랑 여은이는 "무섭다, 무섭다." 하면서도 자신 있게 뛰어내렸어요.

　나는 친구들이 "할 수 있어!"라고 응원해 주는데도 두려워서 못 하겠어요. 친구들은 어떻게 용기 내어 뛰어내렸을까요. 밑으로 뚝 떨어질 생각을 하니 눈앞이 캄캄해요.

　수영장 바닥에 머리를 '쾅' 하고 부딪치면 어쩌죠? 물속에 '풍덩' 빠질 때 아프지는 않을까요? 코랑 귀에 물이 들어가면 어떡해요!

　이런저런 생각이 내 다리를 꼭 붙들고 놔주지 않는 거예요.

　"난 못해!"

　솔직하게 말하고 싶지만 그렇게 말하자니 친구들이 놀릴까 봐 겁이 나요.

　하자니 두렵고, 안 하자니 친구들이 놀릴 것 같고. 난 몰라. 어떻게 하냐고요!

외로움

아무도 내 마음을 몰라주는 것 같아 서운하고 쓸쓸해.

'나도 형제가 있었으면……. 혼자라 너무 외로워.' 하고 생각하는 것.

추운 겨울에 집도 없이 돌아다니는 길고양이의 뒷모습.

반장 선거에 나갔는데 한 표밖에 안 나왔어!

벌거벗은 겨울나무에 구멍이 숭숭 뚫린 나뭇잎이 딱 하나 매달려 있는 것.

> 외로움이란 쓸쓸하고 혼자라는 느낌이 드는 것. 내 주위에 아무도 없는 것 같아 한여름에도 추위를 느끼는 것.

새 학기가 되어서 친한 친구들과 반이 나뉘었어요. 같이 놀 친구가 한 명도 없어 쓸쓸하고 허전해요.

다른 친구들은 다 친하고 나만 외톨이 같아요. "같이 놀래?" 말하고 싶지만 쑥스러워서 말하기가 어려워요. 친구들은 외롭지도 심심하지도 않겠어요.

재밌게 놀고 있는 친구들을 보고 있으니 더 용기가 나지 않았어요. 내가 끼면 싫어할 것 같았거든요.

집에 돌아와서도 나는 계속 혼자, 누나랑 놀고 싶지만 누나는 학원 때문에 바쁘대요.

나는 놀이터에 쭈그리고 앉아 모래 위에 그림을 그렸어요. 친구들과 함께 놀 때는 뭘 해도 재밌었는데 혼자 하니 하나도 신나지 않아요.

텅 빈 놀이터가 꼭 내 마음 같아요.

모래 위로 눈물이 한 방울 툭 떨어졌어요.

무서움과 두려움은
마음에서 생겨요

밤에 자려고 누웠는데 갑자기 저녁에 본 무서운 영화의 한 장면이 떠오른 적 없나요? 불을 끄고 누웠는데 천장에 이상한 그림자가 어른거리는 것 같아 심장이 얼어붙을 것 같았던 적은요?

어두운 밤을 생각하면 무섭고 두려운 감정이 떠오르는 것은 왜일까요? 그것은 아마도 어둠 속에서 상상력이 더욱 활발해지기 때문일 거예요.

밝은 낮 동안에는 어떤 일에 대한 상상보다 여러 가지 활동을 하며 시간을 보내는 경우가 많아요. 그런데 어둠 속에서는 이런저런 생각을 하며 공상에 빠지게 되죠. 그때 무섭고 두려운 생각들이 슬며시 끼어드는 것이에요.

그렇지만 곰곰이 생각해봐요. 무서움과 두려움은 내 마음에서 시작되는 거예요. 아직 일어나지도 않은 상상을 마음에 꼭 붙들고 벌벌 떠는 것과 마찬가지랍니다.

너무 무서울 땐 다시 불을 켜 봐요. 그럼 어둠 속에서 했던 상상들이 1초 만에 아무것도 아닌 것처럼 느껴질 테니까요.

이렇게 해 봐요

신나는 상상을 해요.

평소에 해 보고 싶었던 일이나 가보고 싶은 곳에 대해 상상을 하는 것도 도움이 돼요. 신나는 상상으로 무서운 생각을 덮어버리는 거죠.

무서운 것에 재밌는 이름을 붙여 봐요.

밤에 자려고 누웠는데 천장에 어른거리는 그림자가 무섭다면 그림자에 이름을 붙여 줘요. 커튼에도 이름을 붙여서 친근하게 이름을 부르고 노는 놀이를 해 봐요. 우스꽝스러운 이름을 붙여도 좋아요. 친구랑 장난치듯 이름을 부르고 놀다 보면 무서운 감정은 감쪽같이 사라질 거예요.

선생님, 가족, 친구에게 도움을 요청해요.

함께하면 무서움도 달아나고 용기가 솟아나요. 정말 무섭거나 두려울 땐 엄마, 아빠, 선생님, 친구에게 도와달라고 말해보세요. 친구랑 손을 꼭 잡거나 엄마가 안아 주면 마음에 안정을 느껴요. 그리고 인형이나 이불 등 내가 좋아하는 것들을 안고 있으면 마음이 차분해지면서 웬만한 일쯤은 해낼 수 있을 것 같은 용기가 생기지요.

용기

♣ 겁이 날 땐 큰소리로 노래를 부르고 춤을 추면 용기가 나.
♣ 용기를 불끈 솟아나게 하는 선생님의 칭찬 한마디.

용기란 무서워하지 않는 강하고 굳은 마음. 어디서든 당당하게 나서는 마음의 힘.

　우리 선생님은 호랑이 선생님이에요. 화내면 눈썹 끝이 하늘로 올라가고 목소리는 교실에 쩌렁쩌렁 울려요.
　그런데 친구들과 교실에서 공놀이를 하다가 그만 꽃병을 깨버렸어요.
　"어, 어떡해!"
　우리는 벌벌 떨며 유리 조각을 치웠어요. 잠시 후 교실에 돌아와 깨진 꽃병을 보신 선생님의 눈썹 끝이 꿈틀거렸어요.
　"누구야? 누가 꽃병을 이렇게 해 놨어?"
　우리는 서로 눈치만 봤어요. 선생님의 눈빛이 이글이글 불타오르는 것 같았지요.
　'제발 누가 먼저 말해줬으면.' 하고 생각하다가 '어차피 잘못한 거니까 사실대로 말씀드리자.' 하는 마음이 생겼어요.
　"선생님! 죄송해요. 저희가 장난을 치다가 그랬어요. 앞으로 조심할게요."
　선생님께 말씀드리는데 눈물이 날 것 같았어요. 그때 선생님이 말씀하셨지요.
　"그놈, 그래도 용기는 있구나."

자존심

♣ 남보다 못한 건 못 참아. 무조건 내가 제일이야.

♣ 친구랑 싸우다 먼저 울면 지는 것 같아서 꾹 참았어.

자존심이란 스스로를 높이려는 마음, 남에게 꺾이지 않는 것. 다른 사람에게 지지 않으려고 눈에 힘을 팍 주는 것.

　동생 친구들이 우리 집에 놀러 왔어요. 일곱 살인 동생은 친구들에게 자기가 만든 레고를 보여주며 자랑하기 시작했어요. 동생이 자랑만 하고 친구들에게는 만지지도 못하게 하니 금세 싸움이 나고 말았지요.
　"우리 집에는 이것보다 더 큰 레고 있거든!"
　동생 친구 영민이는 자기는 더 큰 레고가 있다고 우기기 시작했어요.
　"거짓말하지 마. 지난번에 너희 집에 갔을 때 못 봤는데? 아무리 큰 거라도 이게 제일 큰 거야."
　동생도 말도 안 되는 억지를 부렸어요. 둘이 티격태격 싸우니 엄마가 나서서 말리기 시작했어요.
　"둘 다 멋진 레고를 가진 거구나. 너무 좋겠다. 부럽네."
　"엄마, 그래도 영민이 거보다 내 꺼가 더 좋은 거야."
　"아니에요, 아줌마. 우리 집에 있는 게 더 좋아요."
　칫, 쪼그만 것들이 자존심이 강해서……. 나는 동생들이 싸우는 소리를 들으며 콧방귀를 '팽' 하고 뀌었어요.

자신감

우리 반에서 춤은 내가 제일 잘 춰! 아무도 못 따라오지.

어제 아빠랑 집에서 공부한 것을 선생님께서 물어보셨어. 자신 있게 큰 소리로 대답했지.

의욕으로 가득 차서 기운이 하늘까지 솟구치는 것.

엄마 손은 요술 손, 엄마가 등을 두드려주면 자신감이 쑥쑥 자라나니까!

> 자신감이란 어떤 일을 충분히 해낼 수 있다고 믿는 마음. '할 수 있어!'라는 기분으로 마음이 가득 찬 것.

'우와! 20점이나 올랐네!'

선생님께서 지난주에 봤던 수학 시험지를 나눠주셨는데 글쎄, 20점이나 올랐어요. 지난번 시험에서도 5점이 올랐었는데 그것보다 더 오른 거예요.

처음에는 수학이 어렵다고 생각했는데 자꾸 성적이 오르니 수학 공부가 점점 재밌게 느껴져요. 다음 시험도 더 잘 볼 수 있을 것 같아요. 에헴, 다음번에 백점을 맞아볼까?

"엄마, 오늘은 내가 설거지해볼게."

엄마에게 말했더니 엄마 눈이 동그래졌어요.

"설거지를 해보겠다고?"

그까짓 게 뭐 어렵다고 엄마는 깜짝 놀라시는지 몰라요. 거품을 내고 '쓱쓱' 닦아서 물로 깨끗하게 헹구면 되는 거 아니겠어요?

내가 그동안 엄마가 설거지하는 걸 얼마나 유심히 관찰했다고요. 설거지는 재밌어 보여요. 오늘은 꼭 해보고 말 거에요.

"엄마 걱정 말고 나한테 맡겨. 엄마만큼 깨끗하게 할 자신 있으니까!"

용기와 자신감을 가져 봐요

유대인의 격언 중에 '아무것도 손쓸 방법이 없을 때 꼭 한 가지 방법이 있다. 그것은 용기를 갖는 것이다.'라는 말이 있어요. 무슨 뜻일까요?

힘들거나 속상한 일이 생겼을 때 울면서 가만히 앉아 있지 않고 '그래, 어떻게든 해 보자. 무슨 방법이 있겠지.'라고 생각하는 것도 용기예요. '선생님 오시면 솔직하게 말씀드리자.'라고 생각하는 것도 용기고요. '어쩌지? 빨리 엄마한테 전화해서 어떻게 할지 여쭈어봐야겠다.'라고 생각하는 것도 용기예요.

용기에는 여러 가지 종류가 있어요. 무서워하지 않는 것도 용기지만 어떤 상황에서도 정직하게 맞서는 것, 힘든 일이 있어도 포기하지 않고 부딪혀 해내는 것도 모두 용기예요.

특히 자신감은 용기와 관련이 있어요. '그래, 난 할 수 있어!'라는 용기가 바탕이 되어야 자신감이 생기는 것이니까요.

'어쩌지? 난 몰라. 절대 못 해.'라는 생각이 드는 일이 있을 때 그대로 포기하지 말고 용기를 가져 봐요. '그래. 무슨 방법이 있을 거야. 어떻게든 해결할 수 있을 거야.'라고 생각하는 순간부터 문제는 해결되는 것이니까요.

이렇게 생각해 봐요

1. '절대 안 돼. 난 못해.'라고 생각한 일에는 어떤 것들이 있었나요?
   _____

2. 그때 어떤 말과 표정, 자세를 보였나요?
   _____

3. 그래서 어떻게 되었나요? 그 결과에 만족하나요?
   _____

4. 다시 그 순간으로 돌아간다고 해도 똑같이 행동할 건가요? 아니라면 어떻게 행동하고 싶나요?
   _____

5. 이렇게 달라졌으면 하고 생각하는 게 있다면 무엇인가요?
   _____

6. 멋진 나, 용기 있는 내가 되기 위해서 앞으로 어떻게 해야 할까요?
   _____

불편

♣ 화장실에 가려면 밖으로 나가야 하는 시골 할아버지 집.

♣ 엄마랑 아빠가 싸워서 서로 말도 안 하셔! 으~ 중간에서 눈치 보느라 너무 불편해!

> 불편이란 거북하거나 괴로운 것. 몸이나 마음이 편치 않아 빨리 벗어나고 싶은 것.

　새 학기가 시작되는 첫날이에요. 가방에 새 공책과 책을 차곡차곡 넣고 연필도 뾰족하게 깎아서 필통에 줄을 맞춰 넣었어요.

　의젓하게 가방을 메고 학교로 출발했지요. 누구와 같은 반이 될까, 선생님은 어떤 분일까 설레는 마음으로 현관 앞까지 갔어요.

　신발주머니에서 실내화를 꺼냈는데 이게 웬일이에요, 새카만 실내화가 '툭' 튀어나온 거예요. 분명 엄마에게 실내화 새 걸로 바꿔 달라고 했는데 이번에도 깜빡 잊으신 게 분명해요.

　새 학기 첫날인데 이렇게 새카만 실내화라니……. 게다가 작아서 발가락 끝도 아팠어요. 교실까지 걸어가는데 더러운 실내화가 부끄럽기도 하고 억지로 구겨 넣은 발이 아프기도 했어요.

　종일 신고 다니다 보니 나중에는 절뚝거리기까지 했다니까요.

　발이 불편하니까 즐거운 일이 하나도 없었어요. 새 학기 첫날을 작아진 실내화 때문에 망쳐버리다니…….

　불편한 실내화 너무 싫어. 엄마 정말 너무해!

억울

싸움은 동생이 걸었는데 걸핏하면 싸운다고 엄마한테 야단맞았어.

타임머신이 있다면 시간을 되돌리고 싶어. 가서 보자고. 누가 잘못했는지!

방귀도 안 뀌었는데 "으악, 냄새! 네가 방귀 꼈지? 너지?"라고 몰아붙이는 우리 형.

> 억울이란 잘못한 일이 없는데도 꾸중을 들어 답답하고 속상한 것. "내가 그런 게 아니라고요!"라고 큰소리로 외치고 싶은 것.

　수업 시간에 뒷자리에 앉은 연우가 나를 쿡 찔렀어요. 돌아보니 지우개 좀 빌려달라고 했어요.

　마침 지우개가 두 개 있어서 한 개를 빌려주려고 뒤로 돌았는데 갑자기 선생님이 나를 보며 말씀하셨어요.

　"수업 시간에 누가 뒤를 돌아보며 장난을 치니?"

　나는 당황해서 연우가 먼저 지우개를 빌려달라고 해서 그런 거라고 말씀드리려고 했어요. 그런데 그러면 연우가 혼날 것 같은 거예요.

　"벌써 몇 번째야? 수업 시간에 자꾸 그럴 거야?"

　선생님이 또 화내셨어요. 살짝 돌아봤을 뿐, 말도 한마디 안 했는데 저렇게 화를 내시다니!

　나는 너무 억울해서 심장이 터질 것 같았어요.

걱정

운동회에서 우리 반 대표로 릴레이 경기에 나가게 됐는데 뛰다가 바통을 놓치면 어쩌지?

유리에게 나쁜 말을 해 버렸어. 유리가 나를 싫어하게 되면 어쩌지?

미세 먼지가 잔뜩 낀 날 엄마가 밖을 내다보며 얼굴을 찌푸렸어.

처진 입꼬리, 축 늘어진 어깨, 한밤중처럼 어두운 얼굴, 걱정 마왕이 찾아왔어!

> 걱정이란 좋지 않은 일이 있을까 봐 두렵고 불안한 것. 온갖 불안한 상상 때문에 마음에 비바람이 치는 것.

　오늘은 일기 검사가 있는 날이에요. 일주일에 한 번, 수요일마다 우리 반은 일기 검사를 해요. 선생님은 일기 쓰는 습관은 좋은 것이라고 하셨어요.

　그런데 매일 일기를 쓰는 일이 나는 너무 어려워요. 온종일 할 일이 많아서 일기까지 쓸 시간이 없다니까요.

　엄마는 내가 게을러서 그렇다고 하지만 솔직히 매일매일 일기를 쓰는 사람이 누가 있겠어요? 친구들도 아마 하루에 다 몰아서 쓸걸요? 어젯밤에 나도 일기를 몰아서 쓰려고 했는데 그만 잠이 들어버렸어요.

　아침에는 늦잠까지 자서 하는 수 없이 빈 일기장을 들고 학교에 가는데 선생님께 혼날 생각을 하니 걱정이 태산이에요. 아프다고 하고 학교에 가지 말까, 일기장을 집에 놓고 왔다고 거짓말을 할까, 별의별 생각을 다해봤지만 소용없을 것 같아요.

　발에 바위라도 달아놨는지 학교 가는 발걸음이 천근만근, 마음은 그것보다 더 무거웠지요.

　어휴, 오늘부터는 일기 밀리지 말아야지.

인생의 가장 큰 실수는 끊임없이 걱정하는 것!

지금 머릿속에 걱정거리가 몇 개 있나요?

종이를 펼쳐놓고 그 위에 걱정되는 일을 하나씩 적어보세요. 다 쓰고 난 후 1번부터 차례로 다시 읽어보고 그중에서 내가 해결할 수 없는 걱정들은 하나씩 지워 봐요.

예를 들면 '자다가 지진이 나면 어쩌지?' 같은 것들 말이에요. 또 걱정 중에서 당장 벌어질 확률이 아주 낮은 것들도 지워 봐요. '단짝인 진서가 전학을 가버리면 어쩌지?' 같은 것들이요. 그렇게 지워가다 보면 지금 당장 걱정해야 할 일이 생각보다 많지 않다는 것을 알 수 있을 거예요.

앨버트 허버드라는 미국 작가는 '인생에서 할 수 있는 가장 큰 실수는 실수할까 봐 끊임없이 걱정을 하는 것'이라고 했어요. 물론 걱정의 장점도 있어요. 앞으로 다가올 일을 미리 준비하는 준비성을 기를 수 있다는 점이지요.

그렇지만 우리가 하는 걱정의 대부분은 아직 일어나지 않은 일에 대한 것이에요. 그러니 웬만한 걱정들은 과감하게 버리고 지금 할 수 있는 즐거운 일을 하는 것이 좋아요.

이렇게 해 봐요

자연 속에서 뛰어놀아요.
세로토닌이라는 호르몬은 우리가 행복감을 느낄 때 나오는 호르몬이에요. 이 세로토닌은 자연 속에서 휴식을 취하거나 충분한 시간을 보낼 때 힘을 갖게 된다고 해요.

가족이나 친구들과 마음껏 수다를 떨어요.
가족이나 친구들에게 걱정거리를 털어놓고 수다를 떠는 일도 좋아요. 이야기를 털어놓는 것만으로도 걱정하는 마음이 줄어들고 이야기를 하면서 생각이 정리되어 마음이 훨씬 가벼워진답니다.

감사할 것들을 적어 봐요.
아주 작은 것이라도 상관없어요. 감사 목록을 만들어 봐요. 아침에 넘어지지 않고 무사히 학교에 온 일, 오늘 숙제가 없는 것, 점심에 좋아하는 반찬이 나온 것, 친구가 수업 시간에 지우개를 빌려준 것 등등 고마운 일을 하나씩 적다 보면 주위에 걱정보다 감사한 일이 넘친다는 사실을 깨닫게 될 거예요.

인내

♣ 달콤한 사탕을 상상하며 쓴 약을 꿀꺽 삼키는 것.

인내란 힘든 마음이나 괴로운 일을 견디는 것. 화가 나거나 힘들어도 참자, 참자, 참자 다짐하는 것.

　내일이 개학인데 아직 방학 숙제를 다 하지 못했어요. 걱정이 되면서도 자꾸만 놀고 싶은 거예요. 그런데 점심에 우민이가 찾아왔어요.

　"엄마, 우민이랑 잠깐만 놀이터에서 놀고 올게요."

　엄마는 가볍게 눈을 흘기며 삼십 분만 놀고 오라고 하셨지요. 놀다 보니 시간이 얼마나 후딱 지나가는지 나는 엄마에게 삼십 분만 더 놀면 안 되느냐고 사정했어요.

　그 뒤로도 자전거 한 번만, 텔레비전 조금만, 밥만 먹고 나서라는 말로 숙제를 계속 미뤘어요. 엄마는 네 숙제니까 네가 알아서 하라며 결국 버럭 소리를 지르셨지요.

　저녁을 먹고 숙제를 하려고 하는데 잠이 쏟아졌어요. 책상에 앉아 꾸벅꾸벅 졸다가 펼쳐 놓은 일기장에 머리를 '콩' 박기도 했어요.

　"안 돼! 자면 안 돼! 참아야 해!"

　나는 쏟아지는 잠을 참으려고 머리도 흔들고 차가운 물로 세수도 했어요. 이럴 줄 알았으면 낮에 놀지 말걸. 참자, 참자, 다짐하다가 퍼뜩 깨달았어요. 인내는 정말 어려운 거구나!

용서

내 책에 물을 쏟은 친구에게 "괜찮아."라고 말하는 것.

언니 생일을 까맣게 잊어서 용서해 달라고 싹싹 빌었지.

> 용서란 잘못한 일에 대해 미워하거나 탓하지 않는 것. '그래, 그럴 수도 있지.' 하며 너그러이 이해하고 받아들이는 것.

　태권도 학원에서 대련이 있는 날이에요. 오늘 대련 상대는 단짝 진영이에요. 허리띠를 꽉 매고 대련을 시작하는데 진영이가 오른발을 들어 올리는 순간, 별이 번쩍하더니 눈앞이 캄캄해졌어요. 손등으로 코를 '쓱' 닦고 보니 피가 묻어나는 거예요.
　"어떡해. 괜찮아?"
　진영이와 사범님은 나에게 다가와 괜찮냐고 물었어요. 창피하기도 하고 화가 나기도 해서 아무 대답도 하지 않았어요. 괜찮냐고 자꾸 물어보는 진영이가 얄미워서 쌀쌀맞게 대답했지요.
　그날 저녁에 진영이에게 전화가 왔어요.
　"저기, 괜찮아? 아까는 미안했어."
　미안해하는 진영이의 목소리를 들으니 갑자기 마음이 스르르 풀리는 거 같았어요.
　"괜찮아, 그럴 수도 있지 뭐. 나도 미안해. 그런데 내일 준비물은 뭐야?"
　쑥스러워서 괜히 딴소리하다가 전화를 끊었어요. 맞아, 그럴 수도 있지. 일부러 그런 것도 아닌데. 그렇게 생각하고 나니 마음이 가벼워졌어요.

공감

"아, 숙제하기 싫어!"라고 했더니 "맞아. 엄마도 학교 다닐 때 숙제 너무 싫었어."라고 맞장구를 쳐주는 것.

머리를 맞대고 한마음으로 속닥거리는 것.

"나 쟤 너무 얄미워!" 했더니 지호도, 여은이도 "어머 너도?"라고 대답했어.

> 공감이란 다른 사람의 생각이나 마음에 대해 나도 비슷하게 느끼는 것. "맞아! 그런 마음이었지." 맞장구 쳐주는 것.

 엄마는 내 마음도 모르고 맨날 잔소리 해요. "방 치워라.", "손 씻어라.", "게임 그만해라.", "친구들과 싸우지 마라." 엄마의 잔소리를 한 줄로 세우면 우리 동네를 몇 바퀴나 빙빙 돌고도 남을 거예요. 누군 친구와 싸우고 싶어서 싸우나요? 자꾸 시비를 거니까 어쩔 수 없이 싸우는 거지.

 오늘도 집에 오는데 우리 반 싸움 대장이 신발주머니를 던지며 장난을 걸길래 한바탕 싸우고 씩씩거리며 들어왔지요. 엄마는 또 친구와 싸웠냐며 나한테만 뭐라고 해요. 잘 알지도 못하면서…….

 "우리 예쁜 손주가 왜 혼나고 있나?"

 할머니께서 내 등을 다독이며 말씀하시길래 미주알고주알 있었던 일을 모두 털어놓았지요.

 "저런, 우리 손주가 기분이 나빴겠네. 집에 잘 가고 있는 사람한테 신발주머니는 왜 던지누?"

 역시 할머니는 내 마음을 잘 알아줘요. "아팠겠구나.", "속상했겠구나.", "화났겠구나." 별말씀이 아닌데도 할머니가 그렇게 말해 주면 마음이 포근해져요. 이런 게 바로 공감의 힘인가 봐요.

남을 이해하면
내가 행복해진다고?

다른 사람을 이해해 주면 나만 손해라고 생각하는 사람도 있어요. 그렇지만 다른 사람의 잘못을 참고 용서하고 공감해 주는 모든 행동이 결국은 나를 더 행복하게 해주는 일이라는 것을 알고 있나요?

마음속에 어떤 감정을 담고 있느냐에 따라 마음의 표정은 달라져요. 마음속에 미움이나 원망이 가득하면 행복하기 어려워요. 반대로 너그러움, 용서, 공감의 마음을 갖고 있으면 내 마음도 편안해지고 행복해지지요.

다른 사람을 이해하고 용서하는 일이 처음에는 쉽지 않을 수 있어요. 나는 그 사람이 아니니까요.

그렇지만 다른 사람의 마음을 이해하려고 노력하다 보면 공감할 수 있게 되고 공감하게 되면 실수나 잘못도 용서할 수 있게 되지요.

여러분은 마음속에 어떤 감정을 담고 싶은가요? 소중한 자신의 마음에 미움과 원망을 담을 건가요? 공감과 용서를 담을 건가요?

내 마음에 어떤 감정을 담을지는 스스로 결정할 수 있답니다.

이렇게 해 봐요

'내가 그 사람이라면?' 하고 생각해 봐요.

내 마음도 잘 모를 때가 많아요. 그러니 다른 사람의 마음은 노력해서 이해하려고 하지 않으면 더 알기 어렵지요. 누군가 밉거나 싫어질 때 내가 만약 그 사람이라면 어땠을까 상상해 봐요.

누구나 실수를 한다는 사실을 잊지 말아요.

친구의 실수에 너무 예민하게 대하거나 냉정하게 굴지 말아요. 세상에 실수하지 않는 사람은 아무도 없어요. 실수한 친구에게 "괜찮아. 그럴 수도 있지 뭐."라고 씩씩하게 위로해 주세요. 아주 멋지게 보일 거예요.

친구에게 바라는 것을 내가 먼저 해 봐요.

내가 친구에게 바라는 것들은 대단한 게 아니에요. '먼저 놀자고 해 줬으면.', '내가 실수해도 너그럽게 이해해 줬으면.', '나에게 다정하게 말해 줬으면.' 이렇게 내가 바라기만 하지 말고 먼저 친구에게 그렇게 해 봐요. 먼저 좋은 친구가 되어야 주위에 좋은 친구가 생기는 것이랍니다.

고마움

♣ 아침 일찍 부엌에서 밥을 하다 하품하는 엄마의 뒷모습을 봤어.

고마움이란 남이 나를 위해 무엇을 해 주어서 마음이 흡족하고 흐뭇한 것. 감동받아 따뜻해진 마음을 다시 건네주고 싶은 것.

　오늘은 내가 우유 급식 담당이에요. 당번들은 1층에서 3층 교실까지 우유 상자를 옮겨야 해요. 우리 반에는 우유를 먹는 친구들이 많아서 상자가 꽤 무겁지요.

　그런데 나와 함께 우유 급식 당번인 지수가 감기로 결석을 한 거예요.

　'아, 무거운데 혼자서 어떻게 옮기지?'

　걱정을 하며 계단을 내려갔지요. 혼자 우유 상자를 들고 낑낑거리며 열 걸음 정도 갔을 때였어요.

　"같이 들어줄까?"

　돌아보니 작년에 같은 반이었던 유리였어요. 유리는 내 대답을 듣지도 않고 우유 상자 한쪽을 번쩍 들어주었지요.

　별로 친하지도 않았는데 도와준다고 하니 고맙기도 하고 쑥스럽기도 했어요.

　유리는 교실 문 앞까지 상자를 들어줬어요.

　"들어다 줘서 고마워."

　내가 인사를 했더니 유리가 활짝 웃었어요.

배려

♣ 키가 작은 나를 위해 앞자리의 친구가 자리를 바꿔 주었어.

♣ 시험공부를 하는 언니에게 방해가 될까 봐 뒤꿈치를 들고 살금살금 걸어 다녔어.

> 배려란 다른 사람을 도와주거나 돌보는 것. '저런, 저런!' 하며 다른 사람의 처지를 생각해 주는 것.

월요일, 제비뽑기로 자리를 바꿨는데 나는 창가 쪽 뒷자리가 되었지요. 그런데 하필 내 앞에 제일 키가 큰 친구가 앉았지 뭐예요. 나는 칠판이 잘 보이지 않아 고개를 쭉 빼고 앞을 봐야 했어요.

내가 엉덩이를 들썩거리자 앞에 앉은 원희가 손을 번쩍 들고 선생님께 말했어요.

"재인이가 저 때문에 칠판이 잘 안 보이나 봐요. 제가 뒤로 갈까요?"

원희 덕분에 편하게 기린처럼 목을 쭉 빼지 않아도 되었지요.

며칠째 비가 내리더니 오랜만에 해님이 반짝 떴어요. 놀이터에 나가서 미끄럼틀도 타고 그네도 타야지 생각했는데 동생이 병원 놀이가 하고 싶다고 우기는 거예요.

"언니, 병원 놀이 하자! 응?"

동생은 내 뒤를 졸졸 따라다니며 병원 놀이를 하자고 졸랐어요.

"알겠어! 그럼 한 번만이야."

나는 이가 아픈 환자가 되어 침대에 누웠어요. 치과 선생님이 된 동생이 활짝 웃었지요.

존중

다른 사람의 생각이나 말에 마음과 귀를 기울이는 것.

식당에 갔더니 나에게도 존댓말을 써 주었어. 갑자기 중요한 사람이 된 것 같아 기분이 좋았어.

"네가 맞다고 생각하면 그렇게 하도록 해."라고 엄마가 말해주었어.

"나와 생각이 달라도 다른 사람의 의견을 존중해 줘야 해요."라고 선생님이 말씀하셨어.

> 존중이란 사람이나 의견을 소중하게 여기고 높이는 것. 깨지기 쉬운 유리처럼 귀하게 다루어 주는 것.

말끝마다 "네가 뭘 알아!"라고 핀잔을 주는 친구가 있어요.

그 친구랑 이야기하고 나면 기분이 아주 나빠요. 항상 자기만 잘난 줄 알고 다른 사람을 무시한다니까요.

엄마에게 이야기했더니 그 친구가 아직 다른 사람을 존중하는 법을 배우지 못해서 그런 거래요.

"존중이 뭐예요? 존댓말을 쓰는 게 존중이에요?"

"자신을 귀하게 생각하는 만큼 다른 사람도 귀하게 대하는 게 존중이야."

엄마는 자기만 중요하게 생각하고 다른 사람을 함부로 대하면 안 된다고 했어요.

우리 반에서 제일 인기가 많은 재영이는 친구들의 말을 잘 들어주고 이해해줘요. 재영이랑 이야기를 나눌 때는 기분이 좋아요. 소중한 사람이 된 것 같은 기분이 들거든요.

아마도 재영이는 다른 사람을 존중하는 법을 알고 있나 봐요. 존중받는다는 건 정말 기분 좋은 일이에요.

미안

나 때문에 친구가 지각해서 선생님께 혼났어.

홧김에 친구에게 심한 말을 하고 돌아서자마자 드는 마음.

낑낑대는 초코만 두고 놀이터에 가자니 발길이 떨어지지 않아.

툭하면 엄마에게 짜증 내서 미안해.

> 미안이란 남에게 실수하거나 잘못하여 마음이 부끄럽고 불편한 것. '나 때문에, 나 때문에!' 싶어서 울고 싶은 것.

오늘 체육 시간에는 피구를 했어요. 나는 날쌔게 피해서 마지막까지 살아남았어요. 우리 팀은 나 혼자뿐이었고 상대 팀은 정희와 상훈이 둘이 남았어요.

상대편에서는 나를 맞추려고 공을 세게 던졌는데 내가 그 공을 확 잡아버렸어요. 우리 팀 친구들이 손뼉을 치며 좋아했지요. 나는 공을 잡자마자 날아오는 공을 정희를 향해 힘껏 던졌는데 하필이면 정희의 얼굴에 공이 맞은 거예요.

"어머 어떡해!"

주위 친구들이 깜짝 놀라서 정희 주위로 몰려갔어요. 나도 놀라서 뛰어갔는데 혹시나 많이 다쳤을까 봐 심장이 두근거렸어요. 정희는 이마를 손으로 붙잡고 울고 있었어요.

"너 얼굴로 공을 던지면 어떡해!"

정희의 단짝인 지혜가 말했어요. 얼굴을 맞추려던 건 아닌데 너무 힘이 들어가서 그만…….

"정희야 미안해. 일부러 그런 건 아니야!"

나는 미안해서 어쩔 줄을 몰랐어요.

나만큼 너도 소중해!

다른 사람이 나를 존중해 준다고 느낄 때 우리는 기분이 좋아요. 왜냐하면 존중한다는 것은 나를 인정하고 아껴준다는 뜻이니까요.

누구나 존중받고 배려받기를 원해요. 다른 사람이 나를 함부로 대하기를 바라는 사람은 아무도 없으니까요. 우리는 혼자서는 살아갈 수 없어요. 집에서는 가족과 학교에서는 친구나 선생님과 관계를 맺고 살아가지요. 어느 곳엘 가든 다른 사람과 관계를 맺고 살아가지 않으면 안 돼요.

그렇기 때문에 좋은 관계를 맺는 것은 매우 중요해요. 좋은 관계가 나를 행복하게 만들어 주기 때문이지요. 그런데 노력 없이는 다른 사람과 좋은 관계를 맺기가 어려워요. 다른 사람과 더불어 살기 위해 노력해야 할 것 중에 고마워할 줄 아는 것, 남을 존중하고 배려하는 것, 미안한 마음이 들면 사과할 것 등도 포함되지요.

다른 사람을 존중한다는 것은 남도 나와 똑같이 소중하다고 생각하는 거예요. 다른 사람을 존중하기 위해서는 자신을 먼저 존중할 줄 알아야 해요. 내가 소중하다는 것을 깨달아야 남들도 나만큼 소중하다는 것을 알 수 있으니까요.

이렇게 해 봐요

가장 고마운 사람의 얼굴을
그리고 그 이유를 써 봐요.

나를 가장 존중해 준다고 느끼는
사람의 얼굴을 그리고
그 이유를 써 봐요.

내가 가장 크게 배려해 줬던
사람의 얼굴을 그리고
어떤 배려를 했었는지 써 봐요.

가장 미안했던 사람의 얼굴을
그리고 그 이유를 써 봐요.

감동

♣ 열이 펄펄 나는 내 이마를 몇 번이나 짚어보는 할머니의 주름진 손.

> 감동이란 마음속 깊이 느껴 감격하거나 마음이 움직이는 것. 짜르르 코끝이 찡해서 눈물이 나올 것 같은 것.

아빠와 극장엘 갔어요. 영화를 보는데 작년에 돌아가신 할아버지 생각이 났어요. 만화 영화 속에 나오는 할아버지가 우리 할아버지랑 닮았었거든요.

내가 유치원에 다닐 때 할아버지는 자주 나를 데리러 오셨어요. 나는 할아버지가 데리러 오는 게 좋았어요. 할아버지는 집에 가는 길에 꼭 맛있는 걸 사주셨거든요. 영화 속에 나오는 할아버지도 주인공에게 아이스크림을 사 주셨어요.

그 장면에서 마음이 뭉클하더니 눈물이 날 것 같았어요. 나중에 아빠에게 말씀드렸더니 감동해서 그런 거래요.

어제는 아린이와 싸웠어요. 별것도 아닌 일로 티격태격하고 나니 오늘은 학교도 오기 싫었어요. 그런데 아침에 학교에 와 보니 책상 서랍에 편지가 들어 있었어요.

'어제는 미안했어. 화가 나서 나도 모르게 그런 거야. 우리 다시 친하게 지내자.'

아린이의 편지를 보니 서운했던 마음이 눈 녹듯 사라졌어요. 아린이가 먼저 사과해줘서 몹시 감동하였지요.

두근거림

새로운 반, 새로운 친구들을 만나기 전 마음이 떨려.

난생처음으로 가족과 뮤지컬 공연을 보러 왔어. 무대를 보니 너무 너무 기대돼!

숨바꼭질을 하는데 술래인 친구가 내가 숨은 곳으로 점점 가까이 다가오고 있어!

좋아하는 친구 앞에서는 심장도 춤을 춰.

> 두근거림이란 가슴이 뛰거나 심장이 세지는 것. 심장이 달리기한 것처럼 '두근두근' 빠른 것.

달리기를 한 것도 아닌데 심장이 '두근두근' 얼마나 빨리 뛰는지 몰라요.

나연이를 보고 난 후부터 이렇게 가슴이 두근거린다니까요.

작년에는 나연이랑 같은 반이라 좋았는데 올해는 반이 달라요. 그래서 운동장이나 급식실에서만 볼 수 있어요.

운이 좋은 날 아침에는 학교에 오는 길에 보기도 하지만요.

어제는 앞에 걸어가는 아이가 나연이인 줄 알고 또 심장이 두근두근했다니까요. 알고 보니 아니라서 실망했지만요.

아무튼 나연이만 보면 달리기를 한 것처럼 심장이 빨리 뛰어요.

지난번엔 얼굴이 하도 빨개져서 하마터면 다른 친구들에게 들킬 뻔했다니까요. 친구들이 알면 놀릴 게 뻔해요.

그러니 심장아, 으으…… 진정하자, 진정해!

보람

동생을 잘 돌봤다고 엄마에게 칭찬받았어.

무거운 짐을 들고 가는 할머니를 도와드리고 '나 좀 괜찮은 것 같아.'라고 스스로 쓰다듬어 주는 것.

> 보람이란 만족스러운 마음이나 자랑스러운 결과. 당당하고 뿌듯해 가슴을 쫙 펴게 되는 것.

　우리 발레 학원에는 미소라는 일곱 살 동생이 있어요. 씩씩하고 귀여운 미소는 나를 보면 "언니, 언니." 하며 잘 따라다녀요. 미소는 우리 반 미수의 동생이라서 가족끼리도 잘 알고 있어요.

　어느 날 발레 학원에 가다가 엄마 손을 잡고 가는 미소를 봤어요. 반가운 마음에 미소를 불렀더니 미소도 손을 크게 흔들며 활짝 웃었어요.

　"어머 지호구나. 안 그래도 약속 시간에 늦어서 바빴는데 혹시 미소 발레 학원까지 같이 가 줄 수 있니?"

　"그럼요. 걱정 마세요. 제가 잘 데리고 갈게요. 미소도 좋지?"

　나는 미소의 손을 꼭 잡고 발레 학원으로 갔어요.

　나는 미소와 함께 노래를 부르며 걸어갔어요. 매일 어른들이 데려다주기만 했는데 내가 동생을 데리고 가다 보니 두근거리고 기분이 좋았어요. 마치 엄마가 된 것 같았어요.

　마음속에서 뿌듯함이 퐁퐁 솟아났지요.

나에게 최고의 친구가 되어 주기!

우리는 자주 심장이 두근두근 뛰는 걸 느껴요. 열심히 운동하고 난 후, 무섭거나 긴장이 될 때도 심장은 두근두근 뛰어요. 기분 좋은 두근거림도 있어요. 무언가 기대되는 일이 있을 때, 좋아하는 사람 앞에 서 있을 때 심장은 두근거리지요.

우리는 살면서 기쁨, 노여움, 슬픔, 즐거움 등 다양한 감정을 느끼며 살아가요. 그 감정 중 더 중요하고 덜 중요한 것은 없어요. 감정을 느낀다는 것은 살아있다는 증거니까요.

또 내가 어느 때 기분이 좋은지 어느 때 기분이 좋지 않은지 잘 생각해 보는 것이 중요해요. 친구를 사귀다 보면 그 친구가 무엇을 좋아하고 싫어하는지 알게 돼요. 좋은 친구는 상대방이 싫어하는 일은 하지 않고 서로 재밌고 기분 좋은 일들을 함께 하려고 노력하는 친구예요. 스스로에게도 마찬가지예요. 내가 좋아하는 일, 나를 기분 좋게 하는 일을 잘 파악해서 나를 행복하게 만들어주도록 노력해야 해요. 나와 가장 가까운 사람도, 나를 가장 잘 아는 사람도 나니까요. 스스로에게 '최고의 친구'가 되어주는 것이지요.

이렇게 해 봐요

어떨 때 기분이 좋은지, 기분이 좋지 않은지 써요.
나를 기분 좋게 하는 일은 무엇이고 기분 나쁘게 하는 일은 무엇인지 종이에 쭉 써 보세요.

기분이 좋은 이유와 좋지 않은 이유는 무엇일지 써 봐요.
기분을 좋게 하는 일이 있다면 왜 기분이 좋은지, 기분을 나쁘게 하는 일이 있다면 그 이유는 무엇인지 써 보세요. 그러다 보면 내가 무엇을 좋아하고 싫어하는지 알 수 있게 돼요.

좋은 기분을 자주 느끼려면 어떻게 해야 하는지 생각해 봐요.
좋아하고 싫어하는 것을 알게 되었다면 좋아하는 기분을 자주 느끼기 위해 어떻게 행동해야 할지 생각해 봐요.
단, 그렇게 행동했을 때 내 기분만 좋고 다른 사람의 기분을 방해하거나 상하게 하는 일이 생긴다면 어떻게 하는 것이 좋을지도 생각해 봐야 해요.

화내지 않고 상처받지 않는 어린이 감정 사전

초판 1쇄 발행 2018년 7월 16일
초판 2쇄 발행 2019년 1월 7일

지은이 박선희
그린이 윤유리
펴낸이 문미화
펴낸곳 책읽는달
주　소 서울 서대문구 연희로 82, A동 301호
전　화 02)326-1961/02)326-0961
팩　스 02)326-0969
블로그 http://blog.naver.com/booknmoon2010
출판신고 2010년 11월 10일 제25100-2016-000041호

ⓒ 박선희, 2018

ISBN 979-11-85053-40-0 (73190)

※ 이 책의 무단전재와 무단복제를 금하며, 책 내용의 전부 또는 일부를 이용하려면 반드시 책읽는달의 동의를 받아야 합니다.
※ 잘못된 책은 본사나 구입하신 곳에서 바꾸어 드립니다. 책값은 뒤표지에 있습니다.
※ 책읽는달은 여러분의 아이디어와 원고를 기다리고 있습니다.
　　소중한 책으로 남기고 싶은 아이디어나 원고가 있으신 분은 bestlife114@hanmail.net으로 보내주세요.

어린이제품안전특별법에 의한 표시사항

제조자명 도서출판 책읽는달　**주소** 서울 서대문구 연희로 82, A동 301호
전화 02)326-1961　**제조년월** 2018년 7월　**제조국** 대한민국　**사용연령** 6세 이상
⚠ **주의** 책을 떨어뜨리거나 던져서 다치지 않게 주의하세요. 책을 입에 물지 마시고 책에 손이 베일 수 있으니 주의하세요.